煤炭资源开发与发展研究

白　亮　王　雯　车本方◎著

经济日报出版社

北　京

图书在版编目（CIP）数据

煤炭资源开发与发展研究／白亮，王雯，车本方著．
北京 ： 经济日报出版社，2025.1
ISBN 978-7-5196-1456-0

Ⅰ．①煤… Ⅱ．①白… ②王… ③车… Ⅲ．①煤炭资
源—资源开发—研究—中国 Ⅳ．①F426.21

中国国家版本馆 CIP 数据核字（2024）第 013390 号

煤炭资源开发与发展研究

MEITAN ZIYUAN KAIFA YU FAZHAN YANJIU

白　亮　王　雯　车本方　著

出　　版：经济日报出版社

地　　址：北京市西城区白纸坊东街 2 号院 6 号楼 710 （邮编 100054）

经　　销：全国新华书店

印　　刷：北京文昌阁彩色印刷有限责任公司

开　　本：787mm×1092mm　1/16

印　　张：11.75

字　　数：230 千字

版　　次：2025 年 1 月第 1 版

印　　次：2025 年 1 月第 1 次印刷

定　　价：58.00 元

本社网址：www.edpbook.com.cn，微信公众号：经济日报出版社

本社法律顾问：北京天驰君泰律师事务所，张杰律师 举报信箱：zhangjie@ tiantailaw.com

举报电话：010 -63567684

本书如有印装质量问题，请与本社总编室联系，联系电话：010 -63567684

前　言

　　煤炭是大自然赋予我们的瑰宝，它孕育在地壳之中，供人类开发利用。煤炭是一种常规能源。能源是指拥有某种形式的自然资源，它包括提供某种形式能量的物质资源和某种物质的运动。能源的开发与发展，将为我国的发展打下坚实的物质基础。另外，新的技术革命不断发展，能源科学与新能源技术是新的技术革命的重要组成部分，引起社会的关注。在新能源未被普遍应用之前，煤炭能源成为社会的主要能源，是过渡到新能源的桥梁。近代科学的发展，将会改变煤炭能源的勘探、采掘、运输、储存和碳氢化合物利用的状态，因此，煤炭资源的开发、加工利用与发展得到各国政府的高度重视。

　　本书是煤炭资源方向的专著，主要研究煤炭资源开发与发展。从煤炭资源开发的理论基础介绍入手，针对煤炭环境成本、地质勘查技术进行了分析研究；另外，对煤炭开采方法、煤炭加工与清洁利用作了一定的介绍；还对循环经济下煤炭矿区的发展提出了一些建议，旨在摸索出一条适合现代煤炭资源开发与发展工作创新的科学道路，帮助人们在应用中少走弯路，运用科学方法，提高效率。本书对煤炭资源开发与发展有一定的借鉴意义。

　　笔者在写作本书时参考了国内外同行的许多著作和文献，在此一并向涉及作者表示衷心的感谢。由于笔者水平有限，书中难免存在不足之处，恳请读者批评指正。

白亮　王雯　车本方

2023 年 12 月

目 录

第一章　煤炭资源开发的理论基础 ··· 1

　　第一节　煤炭资源概述 ·· 1

　　第二节　煤矿企业管理基础 ·· 6

第二章　煤炭资源开发之煤炭环境成本 ·· 30

　　第一节　煤炭环境成本的理论基础 ·· 30

　　第二节　煤炭环境问题与环境成本的分类 ······································ 33

　　第三节　煤炭环境成本管理 ·· 41

第三章　煤炭资源开发之地质勘查技术 ·· 51

　　第一节　煤炭钻探技术与应用 ·· 51

　　第二节　煤炭地震勘探技术 ·· 65

　　第三节　煤层气勘查与开发技术 ·· 74

第四章　煤炭资源开发之煤炭开采方法 ·· 86

　　第一节　采煤方法与采煤工艺 ·· 86

　　第二节　煤矿特殊开采方法 ·· 94

第五章　煤炭资源开发之煤炭加工与清洁利用 ····································· 101

　　第一节　煤炭利用的理论基础 ··· 101

　　第二节　煤炭加工技术的创新与发展 ··· 114

　　第三节　煤炭清洁高效发电技术的创新 ······································· 134

　　第四节　环境保护视角下煤炭的创新利用 ····································· 144

第六章　循环经济下煤炭矿区的发展 ·· 153

　第一节　循环经济理论 ·· 153

　第二节　煤炭矿区循环经济发展模式分析 ·············· 163

　第三节　煤炭矿区发展循环经济支撑技术 ·············· 168

参考文献 ·· 181

第一章
煤炭资源开发的理论基础

第一节 煤炭资源概述

一、煤炭在国民经济中的地位

(一) 煤炭对我国经济增长的贡献

我国是一个发展中国家，当前正处于国民经济快速增长的时期，工业化和城市化进程加快。能源消耗与经济增长的正相关性是普遍存在的一个规律，我国国民经济的平稳快速发展和人民生活水平的提高必然带动能源消费的较快增长。煤炭是我国的主体能源，国民经济发展与煤炭消费存在着密切的关系。

我国煤炭消费量在不同时期受供给方和需求方的不同影响。因煤炭是我国的主体能源，是支撑我国经济社会持续发展的最可靠能源。为了保障我国国民经济健康快速地发展，煤炭的需求量将持续稳步增长。

(二) 煤炭在我国一次能源中的地位

1. 我国一次能源资源结构决定煤炭是我国的能源基石

我国一次能源资源主要包括煤炭、石油、天然气、水能和核能等。从资源储量构成来看，我国是一个富煤贫油少气的国家。煤炭资源丰富、品种齐全、分布广泛，而石油、天然气探明储量严重不足。从能源安全的角度讲，煤炭是我国最安全和可靠的一次能源，在未来相当长的一段时间内，这种角色不会改变。

2. 煤炭在未来较长时期内仍是我国的主要能源

国家能源战略的选择主要取决于能源资源的经济性和供应的安全稳定性。一方面，在国际上，同等热值煤炭价格相比更低，凸显了煤炭资源的经济性；另一方面，我国有丰富的煤炭资源，煤炭除满足本国消费外，还有少部分出口，煤炭对我国能源的稳定供应起到了至关重要的作用。我国作为能源消费大国，能源供应必须坚持立足国内的方针，主要依靠开发国内能源资源来满足国民经济发展的需要。

大力调整和优化能源结构，坚持以煤炭为主体、电力为中心、油气和新能源全面发展的战略，确定了煤炭在一次能源中的主体地位，符合我国国情和能源资源结构。

二、煤炭矿区生产的特点

（一）生产地点的移动性

以层状赋存于地下的煤，必须随着开采的进程而不断转移，为了形成采收空间，需要不断地进行掘进，这与一般工业企业的生产是不同的。

（二）煤矿开采与地质条件密切相关

一般煤田在形成过程中受地质作用使得煤层水平状变成倾斜状，煤层赋存于深浅不同的地下，并遭受切割破坏及由于古地理变化而造成的冲刷等。在煤田开发中，一般是由浅部向深部、由矿田中间向矿田边界，这样的过程伴随着资源开发条件的复杂化与劣化发展。

（三）生产成本随开采条件的劣化而增长

煤矿生产随着生产年限的增加，单位产品的生产成本也增加，生产条件的劣化速度往往超过技术和管理的进步速度，这在中国煤矿生产中比较普遍。

（四）矿业开发伴随着生态环境的不友好性

由于煤炭资源赋存于地下较深处，在进入矿体并进行采收前要有大量的岩石工程，如凿井和掘巷，需要将挖掘的废弃物堆积地面，这将造成景观的破坏，以及压占农田。此外，在生产过程中将造成土地塌陷、村庄搬迁、生态变异、大气粉尘和瓦斯污染、地面水体破坏与地下水文条件的恶化。

三、煤炭生产消费对矿区环境的影响

（一）对水资源的影响

煤矿开采对水资源的影响主要表现在两个方面：一方面是对地表及地下水系的破坏，另一方面是对地表及地下水的污染。煤矿开采必然涉及对地下水的疏干和排泄。由于地下水的不断疏干和排泄，必然导致地下水位大面积、大幅度地下降；矿区主要供水水源枯竭，地表植被干枯，自然景观破坏，农业产量下降，严重时可引起地表土壤沙化。煤矿大量排放矿井废水会不同程度地污染地表及地下水系。矸石和露天堆煤场遇到雨天，污水流入地表水系或渗入地下潜水层；选煤厂的废水不经处理大量排放，对地表、地下水源造成污染等，使矿区周围的河流、沼泽地或积水池等变为黑色死水。

地表水系的污染往往是显而易见的，相对容易治理。而地下水的污染具有隐蔽性且难以恢复，影响较为深远。由于地下水的流动较为缓慢，仅靠含水层本身的自然净化，则需长达几十年甚至上百年的时间，且污染区域难以确定，容易造成意外污染。

（二）对土地资源的影响

1. 煤矸石压占土地，污染环境

煤矸石是一种伴随煤矿开采和洗煤过程中产生的矿质废弃物，其产量直接和煤矿资源赋存、开采工艺有关。煤矸石自燃容易产生大量二氧化碳、二氧化硫、烟尘等有毒气体和污染物，同时煤矸石大量堆放于地表，占用大量公用土地，破坏矿区生态平衡和自然景观。煤矸石含有大量复杂的化学成分，且有着广泛的分布范围，其主要危害表现在：污染环境，煤矸石产生的大量氮氯化合物和有害气体、烟尘等很容易造成空气污染，形成的酸雨造成土地和水资源严重污染，植物生长受到严重抑制，人类健康面临严重威胁；压占土地；煤矸石的不稳定性使其容易危害公共安全。

2. 造成矿区土地塌陷

土地塌陷会对土地的自然状态造成严重影响，会破坏铁路、村庄、管道、线路等地标建筑物，会破坏土地各种营养成分，会导致土地盐渍化、农田表面凹凸不平、灌溉设施无法继续使用等问题，严重时会在塌陷低洼处形成积水池或沼泽地，大面积积水导致农田无法耕种，裂缝问题还会造成严重的山体滑坡隐患。

3. 对大气环境的影响

煤矿在开采过程中会对大气造成极为严重的污染，主要有两个方面：一是在煤矿开采过程中会有大量瓦斯气体冒出来。瓦斯是一种极为危险的气体，不仅对煤矿开采的正常生产以及安全运作埋下了严重的安全隐患，还会严重破坏臭氧层，造成大气污染。二是在煤矿开采过程中会产生大量的粉尘，在低空形成雾霾现象，对人的身体产生不利的影响。

另外，煤炭燃烧产生大量的二氧化硫，由此会产生酸雨；产生的二氧化碳量将随煤炭燃烧量增长。

4. 噪声污染

噪声污染是环境污染的重要因素之一。在煤矿开采区，大量的开采设备与运输设备会

产生巨大的声响，工人长期处在这种高分贝环境下，会造成听力下降、幻听以及职业性耳聋等问题，严重的还会引发神经系统衰弱、消化系统紊乱以及心血管系统状况频发等问题。不健康的身体状况会促使工人劳动力下降、工作状态差、感觉迟钝并不易察觉事故前兆与信号，从而发生安全事故。

矿区的噪声污染严重影响矿区居民正常的学习与工作。

5. 煤炭运输对环境的污染

我国煤炭生产与消费的地理分布极不均衡，煤炭生产基地主要在北部和西部地区，而煤炭消费主要在东部沿海地区，这就决定了北煤南运、西煤东运的基本格局。煤炭储运形成的环境问题主要来自煤炭的储、装、运过程中产生的煤尘飞扬对矿区及运输线路两侧生态环境的污染，所有这些都会导致矿区道路和煤炭货区煤尘弥漫、环境污染。

四、煤炭矿区发展循环经济的必要性

发展循环经济是煤炭矿区贯彻落实科学发展观的重要措施，是煤炭矿区保护环境、合理开发和综合利用资源、转变经济增长方式的有效手段，是实现煤炭企业与矿区社会和谐发展的重要保证。

（一）发展循环经济是矿区贯彻落实科学发展观的重要措施

树立科学发展观，核心是坚持以人为本，实现全面、协调、可持续的发展。煤炭产业虽然为国民经济作出巨大的贡献，但是对矿区的大气、水、土地等环境造成了严重污染，给矿区居民的身体健康带来了严重威胁，致使人口与环境、经济与资源的矛盾日益突出。发展循环经济不仅可以降低能耗、减少污染，而且可以以最小的资源和环境成本，取得最大的经济和社会效益，真正体现了科学发展观"以人为本"和"实现可持续发展"的本质要求。

（二）发展循环经济是实现矿区环境保护的根本出路

长期以来，煤炭产业在开采资源的同时，不可避免地造成了严重的环境污染，随着国家环境保护法律法规和环境产业政策的不断完善，企业的环境保护将与经济发展处于同等重要的地位，甚至决定和制约着企业的经济发展。因此，必须运用循环经济的理论研究企业的环境保护。循环经济体现了控制工业污染物减量化、再利用、资源化的原则，把尽可能多的物质转化为原料与产品，实现污染低排放甚至污染零排放的目的，把传统的环境保护从生产的末端向前推进到生产的源头和生产的全过程。

（三）发展循环经济是实现矿区煤炭资源合理开发和综合利用的根本出路

在传统经济的影响下，煤炭的开发利用常常是粗放和一次性的，由于开采不合理，煤炭资源平均回收率比较低、导致资源回收率低、综合利用程度低、废弃物大量排放，形成制约国民经济发展的资源问题。而矿区发展循环经济，就可以沿着煤炭产业链生产多种相关产品，如洗选精煤炼焦，煤焦油生产煤化工产品，中煤、煤泥和煤矸石综合利用发电等，实现"资源—产品—再生资源"循环生产。

（四）发展循环经济是矿区转变煤炭产业经济增长方式的有效手段

矿区煤炭企业要实现可持续发展，就必须转变经济增长方式，实现由数量速度型增长向质量效益型增长的转变。一直以来，煤炭产业的发展基本上走的是一条粗放开发、简易加工、低效利用的传统型发展道路，虽然随着社会的发展，经济增长方式有所转变，如产业结构逐步升级、科技贡献率不断提高等，但是仍然存在着高投入、高消耗、高排放、不协调、难循环、低效率的问题。而循环经济则改变了线性发展的模式，作为一种新的技术范式，一种新的生产力发展方式，为转变经济增长方式开辟了新的道路。矿区煤炭产业通过发展循环经济，不断拉长和拓宽产业链，推进煤炭的合理开发和综合利用，就可以实现低投入、高产出、低消耗、少排放、可持续，促进经济快速增长与结构、质量和效益的统一。

（五）发展循环经济是实现煤炭企业与矿区社会和谐发展的重要保证

如果生态环境受到严重破坏，人们的生活水平提高与环境恶化相冲突，如果能源资源供应高度紧张，经济发展与能源资源需求相矛盾，人与自然的和谐、人与社会的和谐就难以实现。当前，在煤炭行业的发展过程中，一方面，煤炭需求旺盛，需要新增大量煤炭生产能力；另一方面，煤炭企业所在的矿区在经过长期的高强度开采和粗放开发后，产生了资源耗竭严重、产业结构单一、经济基础薄弱、生态环境恶化等问题，使人口与经济、环境与资源的矛盾日益突出。而发展循环经济，加强煤炭资源的综合利用，就可使企业发展对资源需求和生态环境的影响降到最低程度。因此，煤炭企业应进一步提高认识，把发展循环经济纳入企业总体发展战略中，通过延伸产业链条，实现资源投入最小化、废物利用最大化、污染排放量最小化的目标，推动企业经济与矿区社会的和谐发展。

五、传统煤炭资源开发与循环经济的矛盾

长期以来，大量开发和利用煤炭资源导致矿区环境容量逐渐缩小，城市及乡村大气污

染日益加剧。虽然 20 世纪 80 年代以来，我国重视并加强了环保工作，但从总体上看，矿区环境综合治理进展缓慢。煤矿地表塌陷面积日益扩大，煤矸石堆积占地增加，部分矸石山自燃污染大气，矿区瓦斯排放量大，粉尘浓度高，生态环境恶化的势头没有得到有效遏制。由于煤炭利用不合理、利用效率低，大气污染 80% 以上源于煤炭燃烧。造成上述状况的一个重要原因是，煤炭企业没有摆脱传统经济思维方式。

传统煤炭资源开发以"高开采、低利用和高排放"为核心理念，是一种由"资源—产品—废物排放"所构成的物质单向流动的经济。人们以越来越高的强度把地球上的物质和能源开采出来，在生产加工和消费过程中又把污染和废物大量地排放到环境中去，对资源的利用常常是粗放的和一次性的。这种模式从长远看必然导致自然资源匮乏、能源短缺以及环境污染。

而循环经济却要求在物质不断循环的基础上发展经济，达到低开采、高利用和低排放，使整个经济系统以及生产和消费的过程基本上不产生或只产生很少的废物，从而使经济发展和增长对环境的影响降到最低程度。循环经济对传统矿产资源开发的核心要求是降低原矿物的开采量、提高利用率、减少废弃和原矿物的处置和堆存量，实现矿产资源开发的清洁生产和生态化。

第二节　煤矿企业管理基础

一、煤矿企业管理概述

（一）企业管理的职能、内容

1. 企业管理的基本职能

（1）计划职能

①研究活动条件

组织的业务活动是利用一定条件在一定环境中进行的。活动条件研究包括内部能力研究和外部环境研究。内部能力研究主要是分析组织内部在客观上对各种资源的拥有状况和主观上对这些资源的利用能力；外部环境研究是分析组织活动的环境特征及其变化趋势，了解环境是如何从昨天演变到今天的，以找出环境的变化规律，并据以预测环境在明天可能呈现的状态。

②制定业务决策

活动条件研究为业务决策提供了依据。所谓业务决策，是在活动条件研究的基础上，根据这种研究所揭示的环境变化可能提供的机会或造成的威胁以及组织在资源拥有和利用上的优势和劣势，确定组织在未来某个时期内的活动方向和目标。

③编制行动计划

确定了未来的活动方向和目标以后，还要详细分析为了实现这个目标需要采取哪些具体的行动，这些行动对各个部门和环节在未来各个时期的工作提出了哪些具体的要求。因此，编制行动计划的工作实质是将决策目标在时间和空间上分解到组织的各个部门和环节，对每个单位、每个成员的工作提出具体要求。

（2）组织职能

①设计组织

设计组织包括机构设计和结构设计。机构设计是在分解目标活动的基础上，分析为了实现组织目标需要设置哪些岗位和职务，然后根据一定的标准将这些岗位和职务加以组合，形成不同的部门；结构设计是根据组织业务活动及其环境的特点，规定不同部门在活动过程中的相互关系。

②人员配备

人员配备是指根据各岗位所从事活动的要求以及组织员工的素质和技能特征，将适当的人员安置在组织机构的适当岗位，使工作由适当的人员去从事。

③开动组织

开动组织是指向各岗位的人员发布工作指令，并提供必要的物质和信息条件，以开动并维持组织的运转。

（3）领导职能

为了有效地实现业务活动的目标，不仅要设计合理的组织，把每个成员安排在适当的岗位上，还要努力使每个成员以高昂的士气、饱满的热情投身到组织活动中去，这便是领导工作的任务。所谓领导，是指利用组织赋予的权力和自身能力去指挥和影响下属为实现组织目标而努力工作的管理活动过程。有效的领导要求管理人员在合理的制度（领导体制）环境中，利用优秀的素质，采用适当的方式，针对组织成员的需要及行为特点，采取一系列措施去提高和维持组织成员的工作积极性。

（4）控制职能

控制是为了保证组织系统按预定要求而进行的一系列工作，包括根据计划标准，检查和监督各部门、各环节的工作，判断工作结果与计划要求是否发生偏差；如果存在偏差，则要分析偏差产生的原因以及偏差产生后对业务活动的影响程度；在此基础上，如果有必要的话，还要针对原因制定并实施纠正偏差的措施，以确保计划活动的顺利进行和计划目标的有效实现。

控制不仅是对某时点以前组织活动情况的检查和总结，而且可能要求在某时点以后对组织的业务活动进行局部甚至全局的调整。因此，控制在整个管理活动中起着承上启下的作用。由于控制，管理过程得以不断循环。

2. 企业管理的内容

（1）企业的营销性活动

企业的营销性活动是指认识市场和用户的需求特性，并概括企业的生产能力、管理水平及宏观调控政策的要求，进行定价、促销、销售渠道选择及售后服务等方面的决策。

（2）生产运营性活动

生产运营性活动是指将原材料直接加工为产品的活动，包括生产组织、生产计划与控制、物料管理、设备管理以及质量控制等内容。

（3）财务性活动

财务性活动是指对企业全部资产的经营性活动，包括存量资本的盘活、新投入资本的筹措、资本的重组、资产结构的优化，以及资本的保值、增值，资本利润、资产负债率、投资者效益的分析，资本运转形式的选择等。

（4）会计性活动

会计性活动是指对企业的经营活动及其财务状况进行统计、记载、整理、汇总、分析，以提供资金运行的资料。会计性活动的绩效可帮助业主、债权人、投资者、总经理、政府、员工、金融机构等进行分析决策。

（5）管理性活动

管理性活动是指通过计划、组织、领导、控制等手段，对企业生产经营活动及资本运营进行协调，以期达到最优经济效益。

3. 企业管理基础工作

（1）标准化工作

①标准和标准化的意义

标准是指对重复性事物和概念所做的统一规定。它以科学、技术和实践经验的综合成果为基础，经有关方面协商一致，由主管机构批准，以特定形式发布，作为共同遵守的准则和依据。

标准化是指在经济、技术、科学及管理等社会实践中，对重复性事物或概念，通过制定、发布和实施标准达到统一，以获得最佳秩序和社会效益的活动。标准是标准化活动的成果。标准化工作是螺旋上升的运动过程，是现代化大生产的产物，是随着工业企业技术现代化和经营管理现代化的发展而发展起来的。标准化工作是提高企业经济效益的重要措施和手段，标准化水平是衡量一个国家生产技术水平和管理水平的尺度。组织和实施标准化，对于现代企业具有十分重要的意义。

②标准化工作的内容

第一，技术标准是指对生产对象、生产条件、生产方法以及包装储运等应达到的统一要求和共同遵守的规定，其内容包括产品标准、工艺方法标准、操作标准、设备维护和修理标准、安全和环保标准等。

第二，管理标准是指对企业各项管理工作职责、工作要求、工作程序、工作方法及相关关系等所做的统一规定，包括管理业务标准、管理工作标准、管理方法标准等。如工作总体图、管理流程图、信息传递图等。

第三，工作标准是指对企业工作人员的工作方法、程序及基本要求所做的统一规定，是为各部门、各工作岗位及各类人员制定的有关工作质量的标准。它对完善企业标准体系、保证生产和工作秩序、提高工作效率有着重要的作用。

在企业标准体系中，技术标准是主体，管理标准和工作标准是实现技术标准的保证条件。通过企业标准体系的建立，可以不断促进企业技术进步、合理配置资源、减少消耗、提升管理现代化的水平。

（2）定额工作

①定额工作和定额种类

定额是指企业在一定的生产技术组织条件下，在人力、物力、财力的消耗、占用以及利用程度方面达到或遵守的数量界限。定额工作就是各项技术经济定额的制定、执行、考核、修正等工作。定额是企业编制、执行、检查、考核、计划的依据，是科学组织生产、提高劳动生产率的手段，是贯彻按劳分配原则的依据。

企业定额种类有以下几类：

第一，劳动定额。指在一定生产技术组织条件下，在一定时间内，生产一定数量的产品或完成一定的工作量所消耗的劳动量标准。包括产量定额、时间定额和看管定额。

第二，物资定额。包括各种物资消耗定额和物资储备定额。

第三，设备定额。包括设备单位时间的产量定额、设备利用率等。

第四，期量标准。包括节拍、批量、生产间隔期、投入产出提前期、生产周期以及设备修理周期等。

第五，内部转移价格。指企业内部各责任中心因相互提供产品或劳务所采用的一种结算价格标准。

第六，其他定额。如资产占用定额、管理费用定额等。

②定额的管理和实施

第一，要完善定额管理组织体系。企业应建立健全完整的、先进的定额体系，按定额来编制计划、安排生产、采购物资、控制费用、考核工作效率，并对定额实行分级管理。

第二，做好定额的统计工作。定额的统计分析为定额的制定、修正提供依据，并通过统计分析反映定额执行情况，从中找出偏差、寻找原因、采取措施，不断提高定额管理水平。

第三，保持定额的先进性和稳定性。定额是在一定条件下制定的，当生产技术组织条件发生变化时，就需要对其进行及时的调整和修正，以保持定额的先进性。但是，定额变动过于频繁，不利于职工对定额的理解和认识，不利于定额的贯彻和实施，也不利于企业建立正常稳定的生产秩序和成本核算体系。因此，在保持定额先进性的同时，要保持定额的稳定性。

（3）计量工作

①计量工作及其任务

计量是指对生产经营过程中应用于检测、测量的量具和仪器，用标准量具和仪器对其进行测定检验的工作。它是用科学的方法对生产经营活动中量与质的数值进行测定和管理的工作。

企业计量包括对一切劳动对象、劳动手段和最终产品的鉴定、测试、化验、分析和检查等工作。其任务是建立和完善企业的计量器具和检测手段，保证计量数据的准确性和及时性；完善计量检测工作，为企业供、产、销各个环节提供真实可靠的原始记录和核算资料，从而为保证产品质量、降低物资消耗、加强成本核算提供良好的基础。

②计量工作的要求

第一，计量器具一定要准确可靠。要严格执行计量器具鉴定规程，并根据不同的情况选择正确的测试计量方法。

第二，计量工作必须认真。凡是需要计量的项目，都要严格加以计量，不能为图省事而采取估计、测算的方法。

第三，建立健全各项计量验收等有关规定和制度，并严格执行。

第四，应设置计量管理机构，配备专业人员，负责组织企业的基准传递、计量器具检定和维修以及开展有关计量工作。

第五，实行分级计量制。企业应根据具体条件和需要，建立分级计量制，以满足各级管理的工作需要。

（4）信息工作

①信息的含义及特点

信息是指根据一定的需要而收集起来的、经过加工整理后具有某种使用价值的图形、文字、公式、方法、数据、指令等知识元素的总称。信息能产生预示或预报作用，因而能对个人及社会团体的未来行为产生重要影响。

企业管理中的信息包括：A. 来自企业以外的经济环境变化信息，包括宏观经济调整信息和市场信息；B. 来自企业内部的技术经济信息，如各种原始记录、数据、报表、资料等。

信息具有以下特点：

第一，事实性。信息是基于事实的数据等经过加工而得到的，以反映客观事实为依据。

第二，滞后性。由于数据的采集、加工都需要时间，势必造成信息对客观事实描述的滞后性。

第三，可用性。按照人们的信息需求对数据等进行加工，使信息具有使用价值。

第四，不完整性。世界上没有绝对孤立的事件，这就造成描述客观事实的数据是无限的。人们为作出某种决策所能获取的信息毕竟是有限的，因而是不完整的。

第五，时间地域性。任何信息都是只在一定的时间内、某一特定区域内有价值，超过这一范围就可能变得毫无意义。

②信息工作的基本内容

A. 原始记录、台账和统计分析工作

原始记录是记载企业生产技术经营活动情况的最初的直接记录，它是建立各种台账和进行统计分析的依据，是考核各项技术经济指标的依据。台账是原始记录和内部报表资料的系统化，它按照时间顺序对资料和数据加以排列、整理，以作为统计分析的依据。统计分析是对各种记录、数据、资料进行收集和加工整理，并在此基础上对人、财、物的消耗及取得的成果的数量和质量进行综合分析。

B. 情报工作

情报一般是指为了一定目的而收集的、有系统的、经过分析和加工的资料，包括科技情报和经济情报。

C. 科技档案工作

科技档案是指企业在生产技术活动、科学研究及工程建设中形成并作为历史记录保存起来以备查考的文件材料，它对企业从事生产技术活动、进行现代化管理和科学技术研究具有重要的作用。

D. 数据管理和管理信息系统建立

数据管理是指收集和积累各种数据，按照一定的使用要求，进行归纳、整理、分类、统计、分析、绘制图表，并运用数学方法、计算工具对其进行科学的加工、储存、传递、使用和管理。随着电子计算机的应用和现代通信技术的发展，企业应建立综合的管理信息系统，实现数据的收集、储存、检索和传输的现代化，使之更好地为企业的生产经营活动服务。

（5）规章制度

①规章制度的含义及作用

企业规章制度是指企业对生产、技术、经济等活动制定的各种条例、规定、细则、章程、程序和方法等的总称。它以责任制为核心，是企业各级组织和个人行为的规范，是生产经营活动顺利进行、取得良好经济效益和社会效益的基础和保证。

②规章制度的内容

第一，基本制度是企业的根本制度，如产权制度、领导制度、组织制度等。

第二，管理工作制度是指按照企业生产管理客观规律的要求，对各项管理工作的范围、内容、程序和方法所作的规定。

第三，责任制度是指企业内部各级组织和各类人员具体工作范围、各自的权力和责任的划分准则和制度，是企业规章制度的核心。

第四，奖惩制度是指企业为了巩固和加强以责任制为核心的规章制度，是严格劳动纪律、加强经济奖惩、充分调动广大职工积极性的制度和规定。

（二）现代企业制度及煤矿企业管理现代化

1. 现代企业制度

（1）现代企业制度的基本概念

第一，现代企业制度是企业制度的现代形态。企业制度是处于不断的变革之中的，现代企业制度是随着我国经济体制改革从原始企业制度中发展起来的，是市场经济及社会化大生产的客观要求。

第二，现代企业制度是由若干个具体制度相互联系而成的系统。现代企业制度不是一个孤立的制度，而是由现代企业法人制度、现代企业产权制度、现代企业领导制度、现代企业管理制度等多项制度组成的一个有机整体。

第三，产权制度是现代企业制度的核心。产权也即财产权。构成产权的要素有所有权、占有权、处置权和收益权等。建立现代企业制度要求产权的界定必须明晰，只有在产权明晰的条件下，企业才能实现资源配置的高效率，才能以其全部法人财产依法自主经营，自负盈亏，对出资承担资产的保值和增值的责任。产权的顺畅流转，不仅有利于企业开展资本运营，提高企业效益，而且有利于推动各种性质的资本间的收购、兼并、相互参股，实现投资主体的多元化，形成良好的企业财产组织形式和法人治理结构。

第四，企业法人制度是现代企业制度的基础。强调建立法人制度，尽快转换国有大中型企业经营机制，其本质内容之一是在我国确立规范的、完善的现代企业法人制度，确保企业成为自主经营、自负盈亏、自我约束、自我发展的市场竞争主体。

第五，现代企业制度以公司制为典型形式。现代公司制主要是指股份有限公司和有限责任公司。从这个意义而言，建立现代企业制度主要是公司化。但值得强调的是，公司制只是现代企业制度的典型形式。

（2）现代企业制度的基本特征

①产权明晰

产权明晰就是要明确企业的出资人与企业组织的基本财产关系。现代企业制度下，所有者与企业的关系变成了出资人与企业法人的关系，即股东与公司的关系。这种关系与其他企业制度下所有者与企业法人的关系的主要区别在于：将出资人所有权与企业法人财产权进行合理分解，使出资人与企业法人各自拥有独立的财产权利。

出资人的权利主要表现为：以所有者的身份享有资产收益权；对企业经营方针、长期投资计划、年度预决算、利润分配、资本金变动、重大财产权变动等重大问题的决策权；选择确定企业管理者（董事会成员）的权利。企业法人的权利则表现为：对出资人注入企业的资本金及其增值形成的资产享有独立的占有权、使用权和处分权。

现代企业制度下，出资人与企业法人的这种基本财产关系，通过国家法律给予确认，受法律的保护和约束。公司制的产权组织形式是这种关系的典型表现形式。在公司制企业，由全体出资人组成的股东大会，作为公司的最高权力机构行使所有者权利。股东大会委托代理人组成董事会，代表全体股东在股东大会闭会期间行使所有者权利，而股东不再参与公司的日常决策和具体经营管理，所有者与企业生产经营的关系相对淡化，仅为一种间接控制的关系。

我国企业中，国有资产部分原则上应由国务院代表国家行使所有权职责。但是，由于拥有国有资产的企业很多，国务院无法直接面对所有国有企业，只能通过授权的机构（如资产管理公司、各级国有资产管理部门等）来代理行使出资人职责与权利。目前，应不断完善国有资产管理机制，避免国有资产流失，提高国有资产运营效率，不断实现国有资产的增值。

②权责明确

权责明确是指在产权关系明晰的基础上，企业通过法律来确立出资人与企业法人各自应履行的义务和承担的责任。权利和责任应该是相对应的。

出资人应履行的义务：必须依法向企业注入资本金，并在企业的正常存续期内不得随意撤回其出资，但可以依法转让。出资人一旦把资本金注入企业，即与出资人的其他财产区分开来，成了企业的法人财产，出资人不能直接支配企业的法人财产。出资人还应以其出资额为限，对企业债务承担有限责任。国有企业一直存在着预算约束软化的状况，国家对企业的债务实际上存在着无限责任。现代企业制度要求改变这种状况，国有企业的产权代表也只对企业债务承担有限责任。

企业法人应履行的义务：依法自主经营，自负盈亏；以独立的法人财产对其经营活动负责，以其全部资产对企业的债务承担责任。同时，企业法人行使法人财产权要受到出资人所有权的约束和限制，必须依法维护出资人权益，对所有者承担资产保值增值的责任。出资人与企业法人各自的责任和义务明确后，还应在企业内部明确所有者、经营者以及生产者的义务和责任，使这些利益主体之间关系分明、利益分配合理，既相互制衡又协同一致。

③政企分开

政企分开是指在产权明晰的基础上，实行企业与政府的职能分离，理顺政府与企业的关系。政府是政权机构，虽然对国家的经济具有宏观管理职能，但不是对企业生产经营活动的直接干预，而是通过经济手段、法律手段及发挥中介组织的作用，对企业的生产经营活动进行调节、引导、服务和监督。企业是营利性的经济组织，是市场活动的主体，它必须按照价值规律办事，按照市场的要求组织生产和经营。

（3）现代企业制度的基本组织形式

①无限责任公司

无限责任公司是指由两个以上股东组成，股东对公司债务负有连带无限清偿责任的公司。连带无限清偿责任是指在公司本身财产不足以抵偿公司债务时，股东还必须以自己的其他财产去清偿公司债务，甚至倾家荡产。

②有限责任公司

有限责任公司是指由两个以上股东共同出资，每位股东以其认缴的出资额对公司承担有限责任，公司以其全部资产为限对其债务承担责任的企业法人。

有限责任公司的法律特征主要表现在：A. 股东人数严格界定；B. 不公开发行股票；C. 股东承担有限责任；D. 内部组织机构设置灵活、简便。

③股份有限公司

股份有限公司是指注册资本由等额股份构成并通过发行股票（或股权证）筹集资本，

股东以其所认购股份对公司承担有限责任，公司以其全部资产对公司债务承担责任的企业法人。

股份有限公司的法律特征主要表现在：A. 股东人数不得少于法律规定的数目；B. 是典型的合资公司；C. 资本总额平分为金额相等的股份；D. 股份可以自由转让；E. 股东只负有限责任；F. 公司的财务必须向社会公开。

2. 企业管理现代化

（1）企业管理现代化的意义

管理现代化是根据经济规律，按照现代生产力发展水平的客观要求，运用科学的思想、理论、组织、方法和手段，对企业的生产经营活动进行有效管理，创造最佳经济效益的过程。

企业管理现代化是一个动态的、相对的、多层次的概念。在不同的历史时期，由于生产力水平的不断发展，现代化的内容和形式也在不断丰富和完善。另外，由于各企业技术层次有高低之分，各行各业也有各自的行业特点，因此，对企业管理现代化的要求也存在差异。总的来说，推行管理现代化对缩小我国在经济上同发达国家的差距，提高管理人员的素质，提高企业经济效益等方面都有着重要意义。

（2）企业管理现代化的内容

第一，管理思想现代化就是按照科学管理理论管理企业，这是推进企业管理现代化的思想基础。企业要从产品经济的思想束缚下解脱出来，建立市场经济的新体系，要树立战略观念、市场观念、经济效益观念、竞争观念、时间信息观念和创新开拓观念。

第二，管理组织现代化就是要使管理的组织结构高效化、应变能力强健化、规章制度科学化，从而形成完整的、科学的和高效的生产经营保证体系。

第三，管理方法现代化就是把现代自然科学和社会科学的成果应用到企业管理中，使管理方法达到规范化、程序化和定量化。

第四，管理手段现代化就是将电子计算机等现代化工具和设备用于企业管理实践中，提高管理效率。

第五，管理人员现代化就是管理人员要知识化、专业化，这是管理现代化的核心和保证。企业必须努力培养大批具有现代管理知识、头脑敏锐、视野开阔、善于吸收国内外先进科学技术成果和管理经验的开拓性人才。

（3）实现管理现代化的途径

①加快企业经营机制的转换，建立现代企业制度

通过现代企业制度的建立和产权关系的明晰，进一步调动企业和职工的积极性、主动

性和创造性。在宏观上，政府要简政放权，让企业真正成为相对独立的经济实体，实现自主经营、自负盈亏。在微观上，企业要加快内部管理体制改革，调整和完善生产关系，以适应社会主义市场经济的要求。

②加强企业管理的基础工作

企业管理基础工作一般是为企业的管理职能和经营目标制定提供资料数据、共同准则、基本手段和前提条件的工作，扎扎实实地抓好企业管理的基础工作，保证数据信息资料的完整、准确、及时和有效，是保证企业管理现代化实现的重要前提。

③创造性地学习国外企业管理的先进经验

学习和借鉴国外先进的企业管理经验是实现管理现代化途径之一。学习外国管理经验，必须从我国国情出发，做到借鉴要务实、引进要创新，达到洋为中用的目的。

（三）煤矿企业管理组织与管理理论

1. 企业组织结构

（1）组织的作用

组织的作用主要表现在三个方面：一是组织是帮助人们超越自身个体发展能力的重要支撑。组织存在的基础是社会化大生产。随着生产力的发展，社会需求的日益增加，单纯依靠个人力量无法满足这些需求，因此，人们组成各类组织，通过社会分工协作来实现社会化大生产，并在组织中统筹安排各种资源，以尽可能少的资源消耗取得最大的收益。二是组织为管理整体功能的发挥作用提供了重要保障。组织的作用是通过其运转过程来实现的。作为企业管理的基本职能，组织职能把企业生产经营活动的各个要素、各个环节，从时间、空间上组合成纵横交错的网络，使每个成员都能职责分明地工作，为管理整体功能的发挥提供重要保障。三是组织是连接企业领导与职工、企业与环境的桥梁。权责分明、信息传递畅通的组织结构，一方面为领导与职工的信息交流、感情沟通提供了前提条件，另一方面也使企业能够及时了解外部环境的变化，根据外部反馈信息不断进行自我调节，以适应外界环境的变化。

组织结构是组织企业正常运行和提高经济效益的支撑和载体。现代企业组织如果没有一套分工明确、权责清楚、协作配合、合理高效的组织结构，其内在机制就不可能充分发挥作用。一个组织如果不能根据外界环境变化及时调整创新和优化组织结构，就会影响管理效率和组织效能的提高。因此，建立合理高效的组织结构是十分必要和重要的。

（2）企业组织设计的原则

①统一指挥原则

根据这一原则，每个职务都应有人负责，每个人都知道向谁负责、有哪些人对他负责。每个人只能接受一个上级的命令和指挥，并对他负责，且只与该上级联系。上下级间的上情下达都按层次进行，不得越级，这就形成一个"指挥链"。强调这一原则，重点在于避免"政出多门，多头领导"和管理中出了问题大家都负责又都不负责的现象出现。

②以工作为中心的原则

组织设计是以工作为中心还是以人为中心？历代组织学家都主张要先有工作，先有工作分工和专业化，然后为了完成各种工作任务才分别安排适当的人员，合理地分配任务。在实际管理中，要坚持"因事而择人"，而决不能"因人而设事"。

③管理幅度的原则

第一，管理者和被管理者的素质；

第二，管理工作的性质、内容及繁简程度；

第三，组织内人与人间的相互关系及影响程度；

第四，工作的标准化、规范化程度；

第五，环境对组织体的影响；

第六，管理者的兼职状况等。

管理幅度大，可减少管理层次，缩短上下级联系渠道，但影响管理的深入性；管理幅度小，管理细致，但会增加管理层次、联系渠道和管理费用。有学者认为，最高管理者理想的控制跨度为4人，其他管理层次可为8~12人。

④专业化原则

在实现企业总目标中，必须将其划分成许多活动和职能，同时还需要对其归类，对同一性质的活动和职能应分部、分区建立组织，指派相应的领导人员去建立组织并负责执行，以取得分工专业化的效果。专业化分工可按职能、工艺过程、地区、产品、顾客和生产设备等划分。

⑤才职对称原则

任何一项职务都需要有一定才能的人来担任，并使人的才能与职务相对称，做到人尽其才、才得其用、用得其所。

（3）企业组织结构一般形式

①直线制组织结构

直线制组织结构是组织发展初期的一种简单的组织结构模式。

在直线制组织结构中，没有专门的管理职能部门，企业依照由上到下的权力划分实施指挥。这种组织形式结构简单，权责分明，指挥统一，工作效率高。但这种组织结构缺乏弹性，同一层次之间缺乏必要的联系，主管人员独揽大权，任务繁重，一旦决策失误，就会造成损失。

另外，这种形式没有专业管理分工，要求生产主管人员具备多方面的管理业务能力。因此，它只能适用于技术简单、业务单纯、规模较小的企业。

②职能制组织结构

职能制组织形式首先由科学管理之父泰勒提出。这种形式是按照职能实行专业化分工的管理办法来代替直线制。各部门在其业务范围内有权向下级发布命令，并指挥下级单位。

这种组织结构的优点是，能适应现代化工业生产技术比较复杂、管理分工精细的要求，由于设有职能机构和人员，可减轻主要领导的日常工作负担，使其将主要精力用来实现自己的职责。它的缺点是，形成多头领导，政出多门，妨碍了企业集中统一的指挥，也不利于高层管理人员的培养。

③直线职能制组织结构

直线职能制又被称为生产区域制，它是在总结直线制和职能制的经验和教训基础上，取两者之长、舍两者之短形成的。它以权力集中于高层为特征，在每一领导层中设置必要的职能管理部门，以协助该层次主管领导的管理工作。

这种组织结构形式的优点是，各级领导都有相应的参谋和助手，能对本部门的生产经营活动进行有效指挥，减少决策失误，适应企业管理工作复杂和细致的特点。其缺点是，企业管理横向联系较差，下级缺乏必要的自主权，信息传递缓慢，对环境变化适应性较差。这种组织结构形式适用于组织规模较小、产出比较单一、集中在一个地区的企业。

④事业部制组织结构

事业部制是分级管理、分级核算、自负盈亏的一种形式，即一个公司按地区或按产品类别分成若干个事业部，从产品设计、原材料采购、成本核算、产品制造一直到产品销售，均由事业部及所属工厂负责，实行单独核算、独立经营，公司总部只保留人事决策、预算控制和监督大权，并通过利润等指标对事业部进行控制。也有的事业部只负责指挥和组织生产，不负责采购和销售，实行生产和供销分立，但这种事业部正被产品事业部所取代。还有的事业部则按区域来划分。这里就产品事业部和区域事业部作些简介。

产品事业部（又称产品部门化）：按照产品和产品系列组织业务活动，在经营多品种产品的大型企业中显得日益重要。产品部门主要是以企业所生产的产品为基础，将生产某一产品的有关活动完全置于同一产品部门内，再在产品部门内细分职能部门，进行生产该产品的工作。这种结构形态在设计中往往将一些共用的职能集中，做到资源共享。

区域事业部（又称区域部门化）：对于地理上分散的企业来说，按地区划分部门是一种比较普遍的方法。其原则是把某个地区或区域内的业务工作集中起来，委派一位经理来主管其事。按地区划分部门特别适用于规模大的公司，尤其是跨国公司。这种组织结构形态在设计上往往设有中央服务部门，如采购、人事、财务、广告等，向各区域提供专业性的服务。

二、煤矿企业创新

（一）现代煤矿企业的技术创新

1. 企业技术创新

有学者认为，创新是企业家对生产要素的重新组合，其形式主要有引入新的产品或提供新的产品质量（产品创新）、采用新的生产方法（新技术创新）、开辟新的市场（市场创新）、获得新的供给来源（原材料创新）和实行新的组织方式（组织创新）。创新能导致经济增长，并使经济增长呈现周期性。

美国学者哈维·曼斯菲尔德（Harvey Claflin Mansfield）认为，当一项发明被首次应用时，才称为技术创新。查克·斯通曼（Chuck Stoneman）认为，技术创新是首次将科学发明输入生产系统，并通过研究开发，努力形成商业交易的过程。我国学者认为，技术创新是企业家抓住市场潜在的盈利机会，重新组合生产条件、要素和组织，从而建立效能更强、效率更高和生产费用更低的生产经营系统的活动过程。

研究与开发活动的结果是新产品、新工艺等的新发明，新发明仅是技术创新过程的开始。这些新发明能否转化为现实生产力，还要同时受两方面的作用和检验，一是新发明大规模生产的技术可行性检验，二是市场需求的检验。只有这些新发明同时通过这两方面的检验时，才会被引入生产经营系统，并经企业家重新组合生产要素后才能转化为现实生产力。

至此，技术创新过程在全社会范围内并未结束。基于创新的扩散本质属性，只有技术创新再通过市场扩散和商业化，并逐步建立起一个新产业，技术创新过程在全社会范围内才算结束。技术创新应是"研究与开发发明—技术与市场检验转化为生产力—创新扩散商业化产业化"一系列创新活动过程。

2. 企业技术创新管理的主要内容

（1）技术创新的决策管理

广义地说，技术创新的决策贯穿于技术创新管理的各个部分和环节，但集中的、影响大的决策主要是技术创新战略的制定和技术选择。

（2）技术创新活动环节的管理

主要包括研究开发管理、新产品生产和营销管理、技术转移管理（引进和输出）。

（3）技术创新的要素管理

主要包括技术信息管理、知识产权管理、技术创新能力管理。

（4）技术创新的组织管理

包括技术创新的组织机构、队伍建设、激励措施等的管理。

3. 解决煤炭企业技术创新问题对策

（1）开拓企业创新的模式

①跟踪型技术创新模式

跟踪型技术创新模式是指煤炭企业要关注并及时跟踪核心技术的发展趋势，以最快的速度开发出与之相类似的新技术或产品，借助领先企业的市场开拓成果，以较低的开发成本分享一定的市场份额。这种技术创新模式适用于有一定的研发能力，但资金不足，又不愿承担创业风险的煤炭企业。实行这种创新战略必须在法律允许的范围内，利用自己的技术优势和对市场信息的及时把握，努力在技术和产品的差异上做文章，加以改进和完善，并加大售后服务和广告投入，从而分得较好的市场份额。实施跟踪型技术创新应该是在学习基础上的二次创新，是在前人肩膀上再向上走一步的创造性活动。

②合作型技术创新模式

对煤炭企业来说，物质基础条件和技术能力都比较薄弱，完全以自身力量来开展创新活动，短期内很难提高创新的技术水平，而通过与其他机构合作来共同推进技术创新，则是一种十分明智的选择。合作战略可以是纵向合作——与科研机构、高等院校进行合作，通过产学研的紧密结合，加速科技成果的产业化；也可以是横向合作——与产品及规模均较为接近的煤炭企业共同出资组建研究中心，共同承担风险，获得利益。合作型技术创新模式是煤炭企业优化资源配置、提高创新有效性和效率的重要手段。

（2）解决中小企业融资难的对策

①大型企业集团内部向基层煤炭企业贷款

在大型企业集团内部，除了向基层厂矿投入一定比例的技术创新资金外，还应向基层提供技术创新贷款，从多方面拓宽融资渠道，为技术创新提供资金保障。

②建立健全煤炭企业投资体系

在基层企业内部，应该加大技术创新的投入。再按照生产产品的比例，拿出专用技术创新资金。对积极创新研究者，无论是否出成果，都要进行鼓励。对创新研究者，鼓励自筹资金或自己先拿出一定资金投入，再事后加倍补偿的优惠办法进行。总之，建立健全的煤炭企业投资体系，为技术创新开绿灯。

（3）大力推进人力资源的开发，为技术创新提供智力服务

①构建有效的人才激励机制

汇集并不断壮大企业的人才队伍，进而最大限度发挥其智力潜能，关键在于建立有效的人才激励机制。激励机制从总体上包括物质激励，也包括精神激励；既包括正激励，也包括负激励。其中，物质激励应是激励机制的基本内涵。

②优化人才汇集环境

在煤炭企业内部，应通过各种方式营造尊重知识、尊重人才的氛围，包括张扬个性、不求全责备、尽力满足人才的多层次需求；充分放权、授权，委以重任，予以实现个人价值的发展空间；倡导和营造创造性、自主性、人性化的企业，形成宽松和谐、奋进的独特文化力，产生对优秀人才的吸引力、凝聚力和感召力，进而迸发出巨大的创造力和竞争力。

③大型企业集团内部加强中介服务机构的建设

在大型企业集团内部，可以建立必要的中介服务机构，这也是知识技术流动传递的一个重要环节，它可以有效地解决大型企业内部之间的科技成果转化难的问题，为知识技术的供求提供一个适宜的场所。同时，也可以减少不必要的投入和研究，以节省有效的技术创新资金。采取系列措施，加强科研成果转化，建设技术创新的支撑服务体系。

当前已经进入新经济和全球一体化的新时代，煤炭企业的内外环境也发生了实质性的变化。这种变化了的环境，既是机遇也是挑战。煤炭企业为了适应变化了的外部环境，必须要创新运行机制，在变化中找机会，克服发展过程中的"瓶颈约束"，实现进一步的可持续发展，进而走上国际化经营的道路。

（二）现代煤矿企业的信息管理

1. 企业信息管理概述

（1）企业信息管理的含义

企业信息管理是利用现代信息技术对企业生产经营过程中各环节涉及的各方面信息进行收集、整理、分析和提供利用的工作。即企业管理者为了实现企业目标，把信息作为待开发的资源，把信息和信息活动作为企业的财富和核心，充分使用信息技术，对信息的采集、加工、传播、存储、创新、共享和利用进行有效的管理，对企业信息活动中的人、技术、设备进行有效的协调和运行，以谋求企业最大效益。

（2）企业信息的构成

①企业内部信息

第一，生产信息是指反映生产过程的信息。

第二，会计信息主要是指资金流动信息。

第三，营销信息主要包括订单、装运、应收款账单和销售报告等一系列销售信息。

第四，技术信息指有关企业产品的技术基础信息，是一种竞争能力信息，一般属于商业秘密。

第五，人才信息是指反映企业各种人才基本情况的信息。

②企业外部信息

第一，科学技术发展信息，这些信息往往展示了产品发展的方向，在新产品研发中发挥重要作用。

第二，生产资源分布与生产信息，主要包括企业正常生产所需物资的供应和来源分布信息。

第三，市场信息，集中反映商品供需关系和发展趋势，是营销信息的主体。

（3）企业信息资源的特点

①准确性

准确信息，没有错误。

②完整性

包含所有重要事实。

③经济性

获取信息的成本低于信息价值。

④可靠性

可靠性依赖于信息来源和数据处理方法。

⑤相关性

信息对决策者很重要。

⑥及时性

过时的信息毫无价值。

（4）企业信息管理的任务

有效组织企业现有信息资源，围绕企业战略、经营、管理、生产等开展信息处理工作，为企业各层次提供所需的信息。

不断地收集最新的经济信息，提高信息产品和信息服务的质量，努力提高信息工作中的系统性、时效性、科学性，积极创造条件，实现信息管理的计算机化。

（5）企业信息管理的内容

第一，从企业信息管理规划上看，企业信息管理涉及六个方面：

①合理构建企业的业务流程和管理流程，结合企业发展规划完善企业组织结构、管理制度等。

②建立企业总体数据库。

③建立相关的各种自动化及管理系统。

④建立企业内部网。

⑤建立企业外部网。

⑥接通 Internet。

第二，从企业信息管理工作流程上看，企业信息管理内容包括：

①制订信息规划，明确企业信息需要及收集信息的范围和目的。规划工作一般分三部分：了解企业各部门信息需要以及使用信息的目的，对企业内部信息需要进行评估；制订一个收集分析计划，确定收集的信息和实施计划，计划应包含得不到某些资料时的应急方案；让用户了解工作进展，将计划告诉使用者，确保提供的信息能满足其需要。

②收集信息。根据信息的来源，企业收集的信息一般分为三类：一级信息，从一级信息源获得的未经处理的事实，是关于某一事物原始的、完整的信息，一般情况下，这类信息比较准确；二级信息，从二级信息源获得的经加工过的信息；创造性信息，通过一些间接方法或非常规方法才能得到的信息。

③处理信息。首先是将信息集中、记录和组合。一般由企业较低级的部门完成，这样做的好处是使公司的中级和高级信息分析人员将精力集中在关键的分析工作上。特别要强调的是，企业获得原始信息的部门应该始终保存信息的全文，但送达管理层的信息应简明扼要，越往上级，信息应越浓缩。其次是对信息进行评级和分类。由于信息的来源不同，收集到的信息良莠不齐，对信息的真伪要进行辨别，分出等级和归档。

④分析信息。指将基本信息转换成情报的过程。

⑤提供信息产品。以适当的形式提供给使用者，可能是口头汇报、书面材料、多媒体等形式。

（6）企业信息管理实施的条件

第一，企业有信息化的内在需求。

第二，企业对信息化进程有所规划。

第三，企业有技术基础和管理基础。

第四，企业有技术与管理人才。

第五，企业与技术进步、管理创新和观念更新结合。

第六，企业选择一个好的合作伙伴。

2. 企业知识管理

第一，隐性知识是指难以表述清楚、隐含于过程和行动中的知识，如员工拥有的know-how、know-why 等。

第二，显性知识是指可用语言、文字、数字、图表等清楚地表达的知识，也叫编码知识。

第三，两者的比较：隐性知识具有高度个人化和难以沟通的特征，因此不易实现个人间的共享；而显性知识由于其易表达、可编码特征，很容易在个人间沟通和共享。隐性知识和显性知识之间可以相互转化，组织中的知识创造与传播就源于隐性知识与显性知识的不断转化。

知识管理是信息管理的延伸与发展，也就是使信息转化为可被人们掌握的知识，并以此来提高特定组织的应变能力和创新能力的一种新型管理形式。知识管理重在培养集体的创造力和推动创新。知识推动了信息产生，信息推动了知识发展。

（1）企业实施知识管理的必要性

有价值的经验、方案和技巧都保留在员工的大脑中，为企业发挥着作用。当员工离开企业时，同时存放在员工大脑中的知识也离开了企业。企业不得不重新培养新人，将他培养成一个有知识的员工，但过不了多久又会面临同样的问题。这就是为什么员工的流失一直是企业心中永远的痛。企业不仅仅是一个经济实体，同时也是一个知识实体，知识管理的核心内涵是发掘员工头脑中的隐性知识。

（2）知识管理遵循的原则

第一，积累是知识管理的基础，通过知识管理将公司内部的信息积累、保存起来。这是企业内开展后续知识管理战略的基础。

第二，共享是知识管理的价值体现，是将积累的知识在企业进行共享。如果知识只是积累，而没有提供共享和交流的手段，那知识积累的价值就没有体现。从现今的经济来看，经济模式从封闭性、地区性向开放性、全球性转变。故步自封是危险的，应将企业内积累的宝贵知识在企业内共享和交流，让知识共享成为一个企业的文化。那么，一个项目的失败教训，会为企业所有项目提供借鉴；一个项目的成功经验，也会给企业所有项目提供学习的机会。将一个项目的个体行为拓展成一个企业的整体行为，可提高企业利用知识的整体价值。

第三，创新是知识管理的最终追求，是知识的创新。它是企业知识管理的终极目标。

3. 企业战略信息管理

（1）信息战略与战略信息管理

企业战略是企业根据内外环境和可获得资源的情况，为求得长期生存和持续的均衡发展而进行的总体性谋划。一般分为公司层的总体战略、业务单元层的竞争战略和经营层的职能战略。信息战略是企业战略的有机组成部分，是关于信息功能的目标及其实现的总体谋划，是企业信息功能的大政方针和战略体系。战略信息管理是关于企业信息战略的管理，是企业信息功能要实现的任务、目标及实现这些任务和目标的方法、策略、措施的总称。

（2）战略信息管理特点

①战略信息管理与信息资源管理的共性

A. 综合性

从管理对象来看，战略信息管理强调管理对象的多样性，应包括组织大环境研究、组织自身前景研究和关键对象的行为研究。从管理内容来看，战略信息管理是多种要素的综合管理，它是组织战略管理的重要组成部分，不仅要管理组织的战略信息，更要对管理组织内部外部的环境进行管理，强调其过程的综合性、全方位性和协调性。

B. 经济性

在信息经济崛起的背景下，信息被视为五种经济要素之一，即人力、原材料、资本、科技和信息。信息是组织不可忽视的重要的生产力和经济要素，而战略信息管理主要是对战略信息的管理，因此它也具有经济性。

C. 系统性

战略信息管理是对组织内部外部战略信息的管理，广义上讲它也包括与战略信息相关的、与组织核心竞争力密切联系的人员、设备、资金的管理。

D. 决策性

战略信息管理是组织信息的宏观管理，它的主要作用是为组织的战略决策层提供决策支持信息，为组织的决策制定提供卓有成效的帮助。决策性是战略信息管理的重要特性。

E. 技术性

战略信息管理同信息管理一样重视组织中信息技术的应用，提高信息技术含量，使组织中的信息系统能够更好地发挥作用。

F. 二重性

战略信息管理不仅是一种管理模式更是一种管理思想。组织成员应该首先接受战略信息管理这种思想观念，从战略高度重视组织的信息管理，着重组织战略信息的管理；其次将战略信息管理看作一种模式，真正将战略信息管理这种管理模式应用到组织管理中来。

②战略信息管理的特殊性

A. 全局性

战略信息管理是组织从战略高度对信息管理的再认识。

B. 长远性

战略信息管理是对组织信息管理的长远规划的制定、实施和评价的一个长期过程。

C. 权威性

战略信息管理是从组织总体上对各个部门的信息管理进行的战略规划和控制。

D. 创新性

战略信息管理具有知识管理的特征。

（3）战略信息管理过程分析

①战略信息资源规划

战略信息资源规划的主要任务是确定企业的战略部门和战略人员，重点是用户及其战略信息需求的确定与分析。需注意以下问题：

第一，在明确企业任务、目标、战略以及战略部门和战略人员的基础上制定战略信息管理目标和总体计划。

第二，通过多种方式了解和确认服务对象。

第三，确定战略人员的信息需求。

第四，区别不同的战略任务及其要求，预计战略信息资源的成果形式。

②战略信息资源收集

战略信息资源收集的主要任务是从可能产生战略信息资源的地方收集原始信息并对这些信息做进一步处理。

A. 确定战略信息资源

战略信息资源主要涉及五个方面的内容：与企业任务和目标相关的信息资源，与企业战略及其管理过程相关的信息资源，与企业战略决策相关的信息资源，与企业战略部门和战略人员相关的信息资源，与企业竞争优势相关的信息资源。

B. 信息资源的转换

信息资源的转换主要包括：信息资源所有权或使用权的转换、信息资源记录方式的转换、信息资源载体的转换。

C. 信息的组织工作

按照事物的形式、内容和效用属性对信息进行有序化组织。

③战略信息资源分析

围绕着企业战略进行的解决方案制定和选择过程，分析重点是企业战略环境、战略要素、战略竞争对手、战略过程、战略人员。要经过三个步骤：

A. 战略分析

包括企业外部环境与内部环境的分析。

B. 战略制定

主要是将企业的内部资源和技能等要素与外部关键因素所决定的机会与风险进行匹配，并制定可行的备选战略。

C. 战略选择

主要对匹配阶段形成的可行的备选战略进行客观评价并最终选择企业拟实施的战略。

④战略信息资源传播

战略信息资源传播是以分析产品为主，满足用户信息需求的过程。按照传播范围划分，企业战略信息资源传播分为内部传播和外部传播两种。

A. 内部传播

内部传播是针对企业内部管理者和员工进行的战略信息资源传播。分三个层面的传播：企业战略决策者、企业战略人员和企业一般员工。

企业战略决策者是战略信息资源管理的核心和优先消费者。呈交给他们的战略信息产品应该符合以下主要标准：战略信息分析必须响应战略决策层的需求，以简洁的方式回答他们提出的问题，最终方案必须简短且能击中要害；战略信息分析必须是聚焦式的而非一般化的，最终方案必须以权重或概率的形式表明其可能被选定或成功实施的优先顺序；战略信息分析必须是及时的，最终方案要保证一定的提前量或具有一定的超前性；战略信息分析必须是可以高度信赖的，最终方案必须是成熟的和经过试验的；最终方案必须以最适当的形式呈交给战略决策者，通常有视觉（书面报告、图表、视盘等）、听觉（口头汇报、交互式电子会议系统等）、动觉（建模、演示等）三种方式。

企业战略人员是战略信息资源管理的主要用户，是除战略决策者以外的企业高层管理人员、战略规划人员、研究与开发人员和市场营销人员及各分部、各职能部门的主管。该层面的战略信息资源管理传播的主要特点：二重性，战略信息产品一方面可以通过战略决策者迂回传播给他们，另一方面可以由信息传播人员直接递交给他们；直接递交的战略信息产品是与企业战略信息人员职能有关的部分，其他战略信息产品的递交时间和内容，则依据有关规定办理；企业战略人员也参与事关本部门职能的战略信息资源的收集和分析工作，与企业战略信息资源管理部门是一种分工合作的关系；企业战略人员倾向于通过视觉方式接受战略信息产品，需要较为具体详细的，有时甚至是不成熟的但有创意的战略信息产品。

企业员工是战略信息资源管理的间接用户，一般不考虑或较少考虑他们的信息需求，但他们可以享用战略信息产品。针对企业员工的传播主要有三种形式：迂回传播，传播的主渠道是通过企业战略决策者和战略人员进行传播；被动传播，将原始的战略信息资源和战略信息产品集中储存，允许员工自由存取和利用；选择传播，由信息传播人员选择部分战略信息产品主动传达给企业员工。这一层面的传播主要目的是以战略信息产品为媒介，统一员工的思想和认识，提升员工的境界，营造战略文化氛围，确保企业战略的顺利实施。

B. 外部传播

外部传播是企业战略信息资源针对与企业利益相关的顾客、股东、供应商、合作伙伴、竞争对手、政府主管部门以及社会公众所进行的传播行为，总体上是一种选择性传播。

企业对外的战略信息传播是一种有限传播，传播过程中应该注意以下问题：要平衡传播内容，既能满足各种利益相关者的信息需求，又不能泄露企业的战略机密；把握好传播时机，关键的战略信息资源选择在什么时候公之于众是一个艺术问题，过早会给竞争对手提供应对的线索和机会，过晚则不利于企业争取社会各界的支持和关注；要集成传播手段，优势互补，形成多层立体的传播体系，为企业与外部环境的协同发展创造条件。

（三）现代煤矿企业的文化管理

1. 企业文化的含义及形成

企业成员在相当长的时间里处所遇到的问题而不断重复使用同一种方法就是该企业文化的一部分，多种部分的组合就会形成一个企业的文化。企业文化会保持较长时期的稳定，但也并不是一成不变。在企业出现重大危机、重大发展及社会大环境出现变革和企业高层及骨干大量更换的时候，往往迫使企业重新定位修正文化，用于调整企业的发展思路。

2. 煤矿企业文化建设的方向

第一，煤矿企业也要像联想公司一样有非常年轻的管理队伍和执着的创业精神改造企业，制定企业文化建设的目标。目标是企业文化建设的旗帜，是企业持续发展的不竭动力。明确了目标，按照既定的目标一步一步前进，从理念的提出到塑造文化的雏形再到精华的提炼，最后到目标的实现，走过这个过程，企业文化也就逐渐成熟，企业、矿区、班组和个人等目标也就相互依存、相互保证，达到整体的统一，形成一种良好的氛围，为企业的发展增添活力。

第二，企业文化建设宣传是企业文化建设工作的基础条件，用宣传手段把这种理念渗透到管理的各个环节。通过电视、报纸、公开栏、网络办公平台、专题讲座等形式加强宣传，使文化管理的观念深入人心，每位员工都将这种观念升华、深切理解，以指导个人的行为意识。

第三，从基础的采煤、运输、提升、通风、设备维护到销售以及管理技术工作，一切都需要通过员工来实现，他们是生产力必不可少的要素之一。如今煤矿企业职工教育水平整体较低，随着高科技技术在煤矿企业的普及，一些员工最基本的工作技能已经适应不了企业的发展，加强培训已经成为个人提升乃至企业提升的重要因素，所以培养高素质的员工队伍也是企业文化建设的根本措施。

第四，当文化被大家认同之后，文化就不能只停留在文字或口号之中，执行也就成为文化建设的意义所在。让在工作中与企业思想统一、善于提出正确意见、高效执行的员工获得应有的物质精神奖励也是促进企业文化快速发展的方式之一；反之，思想上不思进取也必然会被淘汰。久而久之，当企业文化把员工自然凝聚到一起时，文化的价值就得到了体现。

第五，企业文化是一种无形的力量，这只无形的手将一切问题迎刃而解。要想让这股力量更加强大，企业就要不断学习，掌握前沿的管理技术，加强交流，促进文化精华部分的融合与改进，并结合创新与传承，企业文化才会有生命力和价值，才能走得更高更远。

第二章
煤炭资源开发之煤炭环境成本

第一节 煤炭环境成本的理论基础

一、煤炭环境成本的前提——可持续发展

（一）煤炭工业可持续发展的概念

煤炭工业可持续发展概念的界定，应遵循国际上公认的可持续发展的定义，同时还要体现煤炭工业的特点。煤炭资源是有限的、不可再生的，从长远看是达不到可持续利用的，因此，不可再生资源的耗竭速率应低于寻找可替代资源的速率，而该速率又取决于科学技术进步的程度。在这种情况下，许多专家学者开始探讨不可再生资源的最佳耗竭率与可持续发展的关系，从不同的角度反映了诸多不同的观点。

从经济学的角度看，假设市场是完全竞争的，资源有偿开采。矿权所有人根据边际利润率与市场利率的关系，调整资源耗竭率可以达到社会最大效率；或在某种资源逐渐耗竭的情况下，可以用增加资金的投入来替代，其表现形式可以是不可再生资源之间的替代，也可以是可再生资源与不可再生资源之间的替代，以及资源与其他生产要素间的替代，替代原则应使资金与自然资源的投入获取最大的产出。

代际公平的观点认为，代际应等量消耗不可再生资源，现代人的定量消耗要以节约及保护资源且不破坏环境为前提。

在上述众说纷纭而比较模糊的情况下，这里博采众长并采用描述方法界定煤炭工业可持续发展的概念为：煤炭工业所属矿区的经济发展、社会进步、资源的开发利用与环境保护相互协调，并向社会提供洁净燃料、原料及电力。在运用市场机制、依靠科技进步及寻求可替代资源的基础上，调控煤炭资源的最佳耗竭率，使煤炭工业的发展既能满足当代人的需要，又不对后代人构成危害。

（二）煤炭工业可持续发展概念的内涵

第一，既符合国际上公认的可持续发展定义，又体现煤炭工业的特点；

第二，以矿区为基础，实现矿区的社会、经济、资源及生态环境的协调发展；

第三，向社会提供洁净燃料、原料及电力；

第四，在运用市场机制、依靠科技进步、寻求可替代资源的基础上，调控煤炭资源的最佳耗竭率，以保证在煤炭替代资源未出现的历史时期内，煤炭可以持续开发利用。

二、煤炭环境成本的基础——环境价值论

（一）环境功能价值论

功能是环境各种因素的能量集中表现，也是环境价值的集中表现，环境的功能是指环境的质量、效用、能力和有用性。环境的复杂性、多样性决定了环境功能的复杂多样和普遍性。功能价值论从内容上看是环境满足人的需要的效用，在环境的性质上表现为环境的有用性，从形式上看是人类开发利用环境时对人类满足需求的主观感受，从本质上看是人与环境之间的使用和被使用的关系。

（二）环境补偿价值论

环境的经济补偿是对人类生产、生活活动造成的环境污染和生态破坏以及消耗的自然环境资源进行恢复、弥补或替换。长期以来人们受传统思想的错误指导，在环境问题上没有遵循经济规律，对自然环境资源进行掠夺式开发和利用，使自然环境资源存量持续减少，功能下降。要解决这一问题必须对环境进行足量补偿。补偿价值是由费用来体现的，从宏观上看，政府采用税收等方式，收取必要的费用，然后再以相应的政府部门的财政拨款等方式加以返回，以使自然环境资源功能价值得以补偿或增加。从微观上看，企业采用核算和管理环境成本的方法，在产品的整个生命周期内，对开采和利用煤炭产生的环境问题进行补偿。但实际上由于受到经济技术水平的限制未能将损失进行完全补偿，如何全面补偿，通过对于环境成本的研究可以解决这一问题。

环境价值理论是进行环境成本核算与管理的理论基础和方法指导。根据环境价值理论，在进行成本核算时，一方面应将生产过程中的环境因素纳入企业成本，计算生产总成本；另一方面在国家进行 GDP 核算时，考虑环境因素，进而设计了"环境—经济"一体化国民经济核算体系（SEEA 核算体系）。在这些核算体系中，由于环境因素难以量化，主要以价值形式进行环境核算，必要时以实物形式作为补充。

三、煤炭环境成本的方法——环境管理理论

环境管理学以生态—经济—社会系统作为自己的研究对象，研究这些子系统之间相互

联系、相互影响、相互制约的矛盾运动。环境管理的本质是在系统论、控制论与行为科学理论三大基础理论上，运用各种有效管理手段，调控人类行为，协调经济社会发展同环境保护之间的关系，限制人类损害环境质量的活动以维护区域正常的环境秩序和环境安全，实现区域社会可持续发展的行为总体。

环境管理学包括区域环境管理、部门环境管理、资源环境管理、环境质量管理、环境技术管理、环境计划管理等各部分内容。

运用现代管理学理论、方法和技术手段，为环境管理活动提供理论指导、管理技术与管理方法。

环境管理理论为执行基于可持续发展的决策、控制和业绩评价等煤炭环境成本管理活动提供了理论支撑和方法论基础。

四、煤炭环境成本的周期——生命周期理论

生命周期理论是由美国哈佛大学教授雷蒙德·弗农（Raymond Vernon）于 20 世纪 60 年代首次系统提出的。弗农认为，产品生命是指市场上的营销生命，产品和人的生命一样，要经历形成、成长、成熟、衰退这样的周期，他把产品生命周期分为三个阶段，即新产品发明阶段、产品成长和成熟阶段、产品标准化阶段。经过半个多世纪，弗农的产品生命周期曲线得到不断地演变，它已不再是单纯的理论上的完美模型，而具有更多的实践意义，也有了更多的表现形式。

在各类管理、营销和会计文献中，产品生命周期的内涵有如下几种表述。

（一）市场观

市场观的产品生命周期是指为交换而生产的商品（简称产品）从投入市场到被市场淘汰的全过程，亦指从产品的产生直至消亡整个过程所经历的期间。一个产品在其进入市场到退出市场的生命周期过程中，一般可划分为四个阶段，即引入期、成长期、成熟期和衰退期。这是产品生命周期理论中的一般模式，属于市场营销学的研究范畴。产品生命周期的市场观是一种收入导向的观点。实践证明，这一理论的广泛应用为制定正确的营销决策（包括产品、定价、分销及促销等各个方面）提供了理论指导，还有助于企业高层管理人员制定正确的企业发展战略和竞争战略。

（二）生产观

从生产者的角度考虑，一个产品生命周期的具体环节应该是开始于研究与开发，随之是设计、制造（或提供服务）、营销、配送、售后服务等。生产观强调研发、设计、生产、

销售等必需的内部作业，是为了支持企业的销售目标，这种销售支持同时需要资源支持，因此，可将产品生命周期的生产观视为一种成本导向的观点。

（三）使用观

产品的使用周期是指自产品购入后经过使用直至废弃的过程。在这一过程中，用户既是产品的购买者也是产品的使用者。作为购买者，要为产品生产周期中所耗费的各种资源和开销买单；作为产品使用者，要支付产品的使用以及报废过程中所发生的费用。因此，使用观是一种以顾客价值为导向的观点。

（四）社会观

从社会的角度来讲，产品生命周期是指产品经过研发、生产、营销、使用、废弃的一个完整过程。这一过程将战略管理范围进一步扩展到全社会范围，不仅包括企业的生产者和产品的使用者，还包括企业的其他利益相关者（包括股东、雇员、政府和社区等），要求社会观下的产品生命周期分析中蕴含企业扮演社会角色这一战略意义。因此，产品生命周期的社会观支持着一种以成本效益为导向的观点。

以上四种观点分析了产品生命周期的理论内涵，并归纳出了不同的产品生命周期管理模式。此四种观点下的产品生命周期是一个线性过程，是传统产品生命周期，但没有涉及原材料的获取、加工，更没有包括产品使用和废弃之后的处置及利用问题。

在产品生命周期理论研究思路的基础上，煤炭环境成本的研究主要是可持续发展成本管理程序，即环境经济下的产品生命周期理论，将传统的产品生命周期扩展成"从孕育到再生"的所有阶段，从而形成一个"资源—产品—再生资源"的闭合循环过程。生命周期理论为煤炭环境成本核算和控制提供了理论基础和方法依据。

第二节　煤炭环境问题与环境成本的分类

一、煤炭的环境问题

狭义的环境问题是指人类活动引起的环境污染与破坏，乃至整个环境的生态退化趋势和资源、能源面临的枯竭趋势。广义的环境问题包括人为原因引起的环境问题和自然原因引发的环境危机。按照引起环境问题的原因进行划分，环境问题可以分为两种情况，一种是非人类活动引起的环境问题，称为原生环境问题；另一种是由人的活动引起的环境问题，称为次生环境问题。次生环境问题可以分为两类：环境破坏与环境污染。

环境破坏是指由于不合理开发利用资源，引起的一系列环境问题，如崩塌、滑坡、泥石流、水土流失、土地沙化等，进而导致资源的短缺；环境污染主要是人类活动向环境中排放的物质或能量，使其在环境中的数量、浓度或强度超过了适用于该环境的环境质量标准的现象，如向环境中排放废气、废水、废渣和各种有害物质和能量，进而使环境质量降低，危害人类的生存、发展和生物的正常生长。

从煤炭生产活动的特点来看，资源环境作为一种"生产要素"参与煤炭的生产过程，决定了矿区生态环境问题的产生是一个多环节、多因素的复杂过程。所谓多环节是指环境问题形成于煤炭生产、加工提炼、储运销售和燃烧使用的全过程；所谓多因素是指环境问题的形成与技术、资金、管理、社会经济发展等多方面有关，产生的背景是世界范围内越来越严峻的人口、资源与环境形势。

造成煤炭环境问题的因素归纳起来主要有"三废"、粉尘、岩体移动、矿井热、噪声等。

（一）"三废"

1. 固体废弃物

煤矿的固体废弃物主要有煤矸石、露天矿剥离物、煤泥等，其中对环境影响最大的是煤矸石。

（1）煤矸石

煤矸石是煤矿采掘过程中排出的岩石、混入煤中的岩石、采空区垮落的岩石、工作面冒落的岩石以及选煤过程中分离出来的碳质岩等。煤矸石的排放量取决于煤层条件、开采方法、选煤工艺等。目前的煤炭开采技术条件每生产 1 吨原煤，排矸石 0.1~0.2 吨。

（2）露天矿剥离物

露天矿剥离物是露天采场内的表土、岩层和不可采矿体。剥离层一般为泥岩、砂岩、灰岩及松散沉积物，其中以泥质岩为主。

（3）煤泥

煤泥是在煤炭开采、运输、洗选等过程中产生的泥状物质。

2. 废水

（1）采煤废水

煤炭开采过程中，排放到环境水体的煤矿矿井水或露天煤矿疏干水。煤矿矿井水质因区域水文地质条件、煤质状况等因素的差异而有所不同。

（2）选煤废水

在选煤厂煤泥水处理工艺中，洗水不能形成闭路循环，需向环境排放的那部分废水，因其中含有大量悬浮煤粒，故也称其为煤泥水。选煤废水是一种有毒废水，其排放量与选煤工艺和设备有关。随着我国原煤入选率的提高，煤泥水产生和外排量将不断增大。

（3）其他附属工业废水

机修厂、火药厂、焦化厂等煤矿附属企业在生产过程中产生的废水中含有不同种类、不同程度的有毒有害物质。

3. 废气

（1）采矿废气

由矿井中排出的废气中含有多种有害成分，包括以甲烷为主的烷烃、芳香烃、氢等可燃性气体和二氧化碳、氮等窒息性气体，以及硫化氢、一氧化碳、二氧化硫、二氧化氮等有毒气体。

（2）燃煤废气

燃烧煤炭产生的废气中含有烟尘、硫氧化物、氮氧化物、碳氧化物、碳氢化物等有害成分。这些有害物质的产生量随煤质、燃烧方式、燃烧条件的不同而有很大差异。燃烧 1 吨煤可产生一氧化碳 0.5~45 千克、碳氢化合物 0.15~45 千克、氮氧化物 1.5~27 千克、醛类 0.0025 千克、硫氧化物（煤中硫含量）19 千克、烟尘（煤的灰分产率）1~8 千克。燃煤废气是大气污染物的主要来源，约占大气污染物总量的 70%。

（3）自燃废气

煤和煤矸石自燃过程中产生的废气的成分与燃煤废气相同或类似。煤主要是由可燃物质构成的，煤矸石中也含有一定量的可燃物，在一定条件下会因氧化热的大量聚集而自然燃烧。其表现形式有煤层露头着火、开采地表沉陷露风区着火、地面煤堆和矸石山着火、井下煤壁着火等。目前研究结果表明，煤和煤矸石自燃的发生、发展与煤岩成分、煤化程度、煤的还原性、煤层的地质条件、开采方法、煤和矸石的堆放方式及其条件等诸多因素有关。

（二）粉尘

煤矿的采掘、运输、选煤等生产过程，以及煤炭的利用过程都会产生粉尘。生产中的采掘过程是煤矿产尘的主要因素。

（三）岩体移动

岩体移动指在外界因素影响下，地壳岩体失去原有平衡状态而发生移动的现象。根据地表移动区的形状和变形特点，可将其分为两类。

1. 漏斗状陷坑和阶梯状断裂

这类地表移动发生突然、快速、强烈，危害严重，但破坏范围小；主要发生在浅部及倾斜煤层采空区和开采深度与煤层开采厚度之比小于 20 的缓倾斜煤层采空区，以及较大地质构造分布区。

2. 缓波状沉陷盆地

一般来说，地表移动的最大深度约为煤层开采厚度的 70%～80%，但这必须是在采空区的长度、宽度均达到或超过开采深度的 1.4 倍时才可能发生。有人称此种地表移动为充分开采塌陷。在个别煤矿，由于开采引起的含水层或流砂层疏干等其他因素的叠加影响，最大塌陷深度可达煤层开采厚度的 1 倍以上。塌陷容积约为煤层采空体积的 60%～70%，塌陷面积约为煤层采空区水平投影面积的 1.2 倍。

（四）矿井热

矿井生产过程中所产生和形成的热量称为矿井热。一般来说，若空气温度超过 27℃，人体散热就极为困难，并可能从空气中吸热而使人体热平衡破坏。因此，我国《煤矿安全规程》规定：生产矿井采掘工作面空气温度不得超过 26℃；机电硐室的空气温度不得超过 30℃。随着煤矿开采深度的增加，地温会不断升高，由此造成的矿井热害问题越来越突出。我国国有重点煤矿目前的平均开采深度已达 800 米，由于开采深度和地温异常的影响，不少煤矿已受到了程度不等的矿井热害威胁。

（五）噪声

煤矿在开发建设中，因煤矿生产所用设备高噪声的较多，会产生许多噪声。此外，采掘爆破噪声亦是高噪声，这些噪声都属于工业生产噪声。因此，工业生产噪声是煤矿区噪声的主体。

二、煤炭环境成本的概念

（一）煤炭环境成本的目标

目标即为想要达到的境地或标准，反映的是个人、部门或整个组织所期望的成果。煤炭环境成本的目标是对煤炭可持续发展下的环境成本效益最优化的探索。

可持续发展的效率除与环境成本有关外，公平也与环境成本有关。为了实现代际公平，我们当代人必须有效地治理资源环境，保护好环境资源，从长远看待环境成本的投入和产出。

20 世纪 90 年代，戴利（Daly）提出了如果遵循"三原则"，一个国家就会朝可持续发展方向转变。

第一，所有再生资源的收获水平小于或等于种群生长率。如林木砍伐量不应超过森林蓄积量的增长率，水资源的利用不应超过可用水资源量，水土流失量不应超过土壤的再生量等。

第二，所有可降解污染物的排放低于生态系统的净化能力。

第三，来自非再生性资源开采的收益分为收入流和投资流，投资流应投入替代的再生性资源。

戴利的可持续发展"三原则"得到了学术界的普遍认同，由此环境成本作为一种投入，其产出会随着时间的推移产生巨大的经济效益，因此环境成本的研究目标是在煤炭可持续发展战略指导下的投入量与产出效益之比的最优化。

（二）煤炭环境成本产生的动因

环境成本主要来源于环境经济系统的内部结构运行，环境与经济的关系主要表现为自然资源的消耗和再生、废弃物的排放与治理成本。

1. 自然资源的消耗和再生

从成本核算理论的角度看，煤炭开采利用的过程对自然资源的消耗构成了生产的资源成本，自然资源再生过程中人类投入的劳动，则构成自然资源的再生成本。

（1）自然资源的耗减成本

人们在社会经济生产过程中消耗自然资源储量所支付的费用。煤炭开采过程中既产出能源，同时也消耗能源（煤炭、钢铁、电力、水、土地等）。

（2）自然资源的降级成本

人们在生产过程中过度消耗自然资源，而造成其质量等级下降所带来的治理费用、资源补偿费用和降级损失之和。

（3）自然资源重造成本

人们在自然资源的再生过程中，使环境质量变好，对自然资源进行初始培育和营造所发生的耗费。

（4）自然资源恢复成本

人们在自然资源的再生过程中，恢复受损自然资源功能而发生的各种消耗。

（5）自然资源维护成本

人们在自然资源再生过程中，为使自然资源免受破坏、维持自然再生产所发生的各种费用。

2. 废弃物的排放与治理成本

环境容量是指自然环境或环境要素对废弃污染物质的最大负荷量。污染物的排放量应控制在环境的绝对容量和年容量之内，才能消除或减少污染。因此，环境污染成本可以定义为人们在生产、消费过程中向环境排放废弃物，或对废弃物进行回收再利用所发生的各种耗费。

（1）污染物排放成本

人们在生产、消费过程中向环境排放废弃物需支付的各种费用。

（2）废弃物回收利用成本

人们对废弃物进行挑选、分类、再生处理，并将其转化为可重新利用的资源所支付的各种费用。

（3）废弃物处理成本

人们采用某种方式，对生产、消费过程中排放的不可回收利用或未回收利用的废弃物进行填埋、焚烧或其他处理所花费的成本。

在煤炭可持续发展过程中，对发挥环境成本的功能起到积极作用的是增加废弃物回收再利用成本、预防与治理污染成本、消费过程的治理费用、自然资源再生成本、节约生产耗用成本、消费过程的治理费用和最终废弃物的处理成本。通过环境成本的核算和管理达到可持续发展的目的。

（三）煤炭环境成本的主体和客体

煤炭环境成本的主体是煤炭企业和国家政府，客体是指主体在履行自身环境责任、义务时而发生的环境成本的核算对象或范围。主体不同，客体的内容则不同。以企业为主体的客体是企业执行环境目标和要求所采取的保护环境活动，这些活动带来了环境成本的发生，这与会计学对企业成本客体的规定范围基本一致。以国家政府为主体的客体是政府实施的公共环境保护工程的活动等。

（四）煤炭环境成本的概念框架

煤炭环境成本的一般概念是一个国家在一定时期内，由于开发和利用煤炭而消耗环境资源、维护或重置环境资源所发生的各种耗费。从内容上讲包括两个方面，一是自然资源的消耗、环境质量的降级成本，二是为了保护环境而发生的经济资源投入。

煤炭环境成本的具体概念分为两个部分：

第一，以是否采用市场交易价格计量，可以划分为市场体系内的环境成本与市场体系外的环境成本。由于环境经济外部性和公共物品性质的复杂性，在现实中，以交易价格计量的环境成本并不能足额补偿煤炭开发利用活动对环境资源造成的损害，只是一部分环境损害价值游离于市场价格体系之外，因此国家需采取强制性方法予以改善。

第二，煤炭环境成本有企业环境成本和社会环境成本之分。由于环境问题带来的经济影响造成不同主体间在时空上的负担成本与发生成本错位，环境介质就带来了环境经济影响的迁移、扩散，使得环境成本与效益的因果关系判断难以明确。某一主体对环境的利用常构成外部性成本，因此在讨论环境成本时需要从微观和宏观两个方面进行。

三、煤炭环境成本的分类

（一）煤炭企业环境成本的构成

煤炭企业环境成本构成如下。

1. 降低污染物排放的成本

降低污染物排放的成本是指煤炭企业为了减少向环境排放污染物，主要包括煤矸石、煤层气、废水、煤泥等而发生的成本。

2. 废弃物回收再利用及处置成本

煤炭企业减少自然资源的耗用量，对煤炭生命周期中产生的废弃物进行回收、再利用和处置所产生的成本。

3. 绿色采购成本

煤炭企业的采购环节为购入环境负荷含量低的设备、耗材、燃料等发生的追加差额成本。

4. 环境管理成本

企业在从事环境保护管理活动中所发生的成本。主要包括：

第一，对企业职工进行环境教育的成本；

第二，环境管理机构的构筑、运作及环境认证的成本；

第三，对环境负荷监测、记录的成本；

第四，环境保护产品的研究开发成本；

第五，在企业生产经营中为降低和控制环境负荷的研究开发和方案设计成本。

5. 环境保护社会活动成本

煤炭企业对矿区支援社会环境保护活动的成本。

6. 环境损害成本

由于企业自身的原因对环境造成损害所发生的成本。

（二）煤炭社会环境成本的分类

1. 按环境统计分类

包括环境破坏影响统计、公共污染控制设施统计、环境保护支出统计、资源环境税收费用统计。

（1）环境破坏影响统计

用货币数额来量化环境遭受破坏带来的现实和潜在的负面影响，包括人类健康损害、经济生产率下降、完美环境景观的丧失。

（2）公共污染控制设施统计

污染治理中的投资支出数，反映社会环境成本中用于污染治理的可资本化数额。

（3）环境保护支出统计

社会用于环境保护方面的支出。

（4）资源环境税收费用统计

包括煤炭资源税、排污税、可持续发展费用等国家政府收费。

2. 按环境介质流动的经济影响分类

（1）资源链环境累积成本

煤炭从开采、加工、流通、消费、回收再生及处理处置的生命周期全过程中跨经不同行业而被直接或间接消耗和污染治理的环境成本之和。资源链包容的行业越多，其污染程度越大。分析其意义在于判别产品的环境友好度，进行最终产品的替代分析决策和为国家宏观产业结构调整提供参考依据。

（2）区域环境积累成本

以矿区环境保护为目标，为降低矿区内环境累积负荷指标，达到或恢复乃至优化原有环境面貌所花费的成本，包括流域水资源污染治理累积成本、矿区空气污染治理的累积成本等。

第三节　煤炭环境成本管理

一、环境成本管理

环境成本管理是在传统成本管理的基础上，把环境成本纳入企业经营成本的范围，从而对产品生命周期过程中发生的环境成本有组织、有计划地进行预测、决策、控制、核算、分析和考核等一系列的科学研究工作。环境成本管理的目标是为了优化协调环境成本与环保效果、经济效益之间的联系，以最小的环境成本投入，取得最佳的环境保护效果和经济效果。主要表现为自然资源和能源利用的合理化；经济效益最大化；对环境危害最小化。传统的环境成本管理的方法对于煤炭环境成本管理具有很强的借鉴性，以下介绍常用的管理方法。

（一）基于作业成本测定的环境成本管理

作业成本法（ABC）是以作业为核算对象，通过对作业活动的动态追踪计量作业成本，评价作业业绩和资源利用情况的成本计算和控制方法。作业成本管理（ABM）是为了实现企业的竞争战略，增加顾客价值，在对作业及作业链全面分析的基础上，利用作业成本核算提供的信息，面向企业全流程的系统化、动态化的前瞻性成本管理与控制方法。ABC 是 ABM 的一个重要组成部分，为 ABM 提供最基础的数据信息。由于环境成本起因的复杂性，以作业活动作为成本动因，有利于准确判断环境成本的动因，进而更全面地对环境成本进行归集，从而对环境成本进行有效的管理和控制。

（二）基于生命周期的环境成本管理

生命周期成本计算（LCC）是一种产品生命周期的会计方法，是识别、跟踪和说明与产品相关的成本。基于生命周期法管理和控制环境成本可将产品整个生命周期中发生的成本都考虑在内，所以环境成本信息更可靠，产品成本信息更完整。

生命周期评价（LCA）是在环境经济问题研究中建立起来的概念，主要是对产品全过程中对环境负面影响作全面分析和评价，从而将负面影响降到最低限度。在进行环境成本控制时，要结合 LCC 和 LCA，也就是说在产品生命周期的每一个环节都要进行综合评价，首先要明确这一环节进行 LCA 的目的和原因；其次根据已经研究的范围，建立该阶段的资源流程图，以便于分析产品工艺和生产活动对于资源的需求量和排放物的污染程度；再次确定生产活动对外部环境的影响;最后通过预测判断对环境的潜在影响。通过以上的判断和评价,并且与作业成本计算相结合,以得到更准确的环境成本信息。

(三)基于事前规划法的环境成本管理

事前规划法是将整个生产流程考虑在内,将未来可能的环境支出列入产品成本预算中,并以此为依据提出可行的生产方案,然后对方案进行价值评估,从未来现金流的比较中选择支出最少的方案,以达到控制环境成本的目的。

二、煤炭环境成本管理分析

(一)煤炭企业的环境管理现状

现行煤炭企业环境管理的基本任务是综合运用行政、法律、技术、经济和宣传教育等手段,对煤炭资源开发和就地转化利用过程中有损害环境质量的企业进行监督指导,协调煤炭生产发展与环境的关系,达到既满足社会对煤炭资源的需要,又不影响和破坏环境,保障煤炭工业可持续发展,实现社会、经济和环境效益的统一。

煤矿环境管理的基本职能主要有计划、组织、协调、监督和激励等。对于科学的煤矿环境管理,计划是首要职能。环保计划是对计划期(一般 1~5 年)内环保目标和措施所作的规定,是进行其他环境管理工作的依据。组织职能是为实现计划目标,在行业和企业内建立相应的权力机构的组织体系,规定各级在环境保护中的职责范围和协作关系,使整个行业或企业在统一指导下协调一致。

煤矿环境管理主要进行以下 6 个方面的工作:

第一,制订和实施环境保护规划和年度计划,包括污染综合防治规划、土地复垦规划、综合利用规划、环保科技发展规划和环保产业发展规划。在计划编制和实施过程中,要把单位生产目标、区域环境目标和污染控制目标结合起来,协调好煤炭生产发展和环境保护的关系。

第二,建立科学的环境管理体制和规范的环境管理程序。建立健全环境管理机构,配备人力资源,使之与环保任务相适应,分清各部门在环保方面的责、权、利,划分决策权限,形成科学而有效的控制协调机制和内部监督机制。

第三,控制环境污染和生态破坏。组织对现有污染源的限期治理,包括土地复垦和矿区绿化工作,严格执行环境影响评价和"三同时"制度,预防出现新污染和生态破坏,发展矿山废弃物的综合利用,不断提高煤炭洗选加工和转化技术,为社会提供清洁能源。

第四,推广先进的生产技术和污染防治技术,包括提高原材料和能源利用率,推行清洁生产工艺，使"三废"资源化，提高污染治理技术水平。制定行业环境保护技术标准和规范，组织和开展环境保护技术交流和科学研究活动。

第五，收集和整理环境信息。开展煤矿环境监测与现状评价，搞好环境统计，有目的地开展污染源和环境现状调查，建立环境保护档案，为环境管理科学决策提供可靠的信息来源。

第六，开展环境宣传和环境教育，增强企业全员和全民的环境意识。

煤矿环境管理要解决的是煤炭行业生产和建设中实际存在的环境问题，与其他工业行业的环境管理有以下区别：

第一，综合性特点更加突出。根据煤矿生产特点，既要对污染环境的行为进行管理，又要对破坏土地、水资源等行为进行管理，还要承担保护煤炭及其伴生资源的责任。

第二，环境管理对象有时间变化。煤矿建设阶段、生产阶段和闭矿以后都存在不同的环境问题，持续时间长，内容多，需要进行不同而有序的环境管理。

第三，煤矿生产对环境影响范围广。煤炭生产对大气、水体（地表水和地下水）、土地、植被、声学环境以及周围社会环境都有不利影响。煤矿产品作为能源提供给社会，其质量高低对大气环境质量影响较大。所以，煤矿环境管理比其他行业的环境管理要复杂。

（二）完善煤炭环境成本管理的对策

1. 政府环境成本管理

第一，完善相关环境和跨级法律法规。政府需要完善环境法律法规，对企业的环境行为赏罚分明，并从经济上给环保优秀的企业以优惠政策和大力宣传，形成良好的环保风尚。此外，政府制定相应的环境审计法规，使企业有法可依，保证环境信息质量。

第二，健全绿色税收法律体系。

第三，明确界定环境资源产权。为了引导企业的经济行为，需要政府明确环境产权，并提供更多的产权交易和经济增长空间。

第四，完善环境成本量化方法。政府要结合生态学、环境经济学、会计学等多方面的知识，建立一支高素质管理人才队伍，从技术上保证企业对环境成本的核算和管理。

第五，完善环境保护的投融资体制。在环境投资领域，政府要适当加大环保的资金投入；创建环保投资基金；争取国外投资者对我国环保进行投资；通过证券市场融资等方法完善环保的融资体制。

2. 煤炭企业环境成本管理

由于目前煤炭企业缺乏全面的环境成本管理体系，多数企业的环境成本管理只限于成本的支出计量和管理，多为"事后控制"方法，并没有考虑煤炭产品生命周期的整个环节，从管理职能上讲，企业内部认为环境成本管理的主体是财务人员和与环境相关的部门，整个企业环境管理意识淡薄。因此在进行企业环境成本管理时，首先需要企业的整个主体都有环保意识，其次在会计实务中设立专门环保信息机构，收集信息，建立账户，探讨有效的企业环境成本管理方法，以实现可持续发展。

三、煤炭企业环境成本事前控制——环境预评价

（一）煤炭企业环境预评价

煤炭企业环境预评价是煤炭企业环境成本管理的重要组成部分。

煤炭企业环境预评价以国家环境规划和环境科学技术政策为指导，针对煤炭行业环境污染和破坏的特点，对规划期内环境保护工作进行全面部署，包括制定分阶段环境保护目标和具体指标；确定行业污染物排放总量控制与削减目标；确定生态恢复与资源综合利用规划；对不同地区、不同所有制的煤矿企业进行分类指导，推广洁净煤技术，推广行业清洁生产技术和最佳实用环保技术；发展行业环保产业，加强环境管理基础建设；组织开展治理行业环境问题的科学研究等。

根据煤炭开发建设活动的不同情况，可将环境预评价分为开采项目评价和矿区环境评价。

单个开采项目的环境影响评价。主要在分析项目可能出现的环境影响的基础上，从项目的选址、规模、实施方案等方面，提出针对该项目环境保护的措施服务。

矿区环境规划。对于正在生产的矿区，以解决煤矿生产与生活引起的环境问题为主要目的，包括污染治理工程规划、土地复垦规划、废弃物资源化规划和强化煤矿环境管理的措施及宣传教育规划等。其目的是逐步消除环境污染和生态破坏，改善环境质量，实现煤炭生产与矿区环境保护协调发展。

对于计划新建的矿区，此类规划宜在矿区环境影响评价的基础上进行。规划要努力贯彻预防为主、污染综合防治与集中控制、资源综合利用等环境保护方针政策，实现矿区经济建设与环境建设同步规划、同步建设、同步发展。

煤炭行业环境预评价与矿区环境预评价应由环境保护主管部门会同综合规划、计划部门共同制订，环境预评价具有与生产建设规划同等的权威性。

（二）对环境影响的评价——以开采沉陷为例

在煤炭的开采过程中，其中开采沉陷是影响环境的主要方面之一。开采沉陷所形成的环境成本是整个煤炭企业环境成本的重要组成部分之一。这里以开采沉陷为例，介绍环境

评价的一般步骤，这属于单个建设项目环境影响评价。具体评价步骤如下：

第一，制定评价大纲。根据国家环境保护法和相关的税收政策以及行业标准，制定评价大纲，主要包括所采用的评价标准、评价目的、评价范围及内容、评价程序、编制依据、项目建议书的审批意见、评价大纲及审批意见等。

第二，环境现状调查。收集与开采沉陷相关的自然与社会环境情况、地表破坏及损害情况、地表塌陷情况、矿井开采情况等现状资料，作出环境概况分析，对矿区社会、经济、人文、环境质量作出简要描述。

第三，矿井扩建工程分析。根据开采沉陷移动变形规律、矿区地质和水文地质情况、矿井扩建开拓情况、矿井开采计划、采煤工艺、设计的开采沉陷保护措施以及技术经济指标，对矿井工程开采沉陷情况进行预测。

第四，分析开采沉陷对环境的影响。根据上述的矿区环境现状描述和矿井工程开采沉陷预测，分析地表沉陷对环境的影响并进行评价。

第五，通过上述调查、预测、分析和评价，确定开采沉陷对环境影响的重要程度，并提出相应的环保措施方案。

第六，确定环境保护措施。以国内外制定的环境标准为指导，从技术上可行、经济上合理进行方案比较，以确定最优的环境保护对策。

第七，整体环保对策的协调性。在处理矿区环境预评价时，需要对扩建工程整体环境影响进行预评价，并判断彼此之间是否协调，以重新确定开采沉陷对环境影响的保护措施。

在此基础上，可开始编写开采沉陷对环境影响的报告书。

环境预评价是环境成本控制的事前控制方式。可以通过合理设计项目工程，选择环境支出最小的方案，优化工艺流程，使煤炭企业减少在煤炭开采过程中对环境影响的程度，起到环境成本事前控制的作用。

四、煤炭企业环境成本事中控制——清洁生产

（一）清洁生产的含义

清洁生产是指将综合预防策略持续应用于生产过程和产品中，以便减少对人类和环境的风险性。与粗放型经济的生产方式不同，清洁生产是一种整体预防的环境战略，它将污染预防追溯到源头，并扩展到整个生产和消费环节。

煤炭企业环境成本事中控制，是煤炭企业在采选过程中对各生产环节环境影响的因子进行跟踪监测，以避免发生事故损失或罚款成本，尽量控制污染处理系统的营运成本，最终降低煤炭企业环境总成本。通过推行清洁生产，可使煤炭企业资源得到最合理的开发和

利用，可以减少甚至消除污染物的产生，从而减少日常运行费用，控制环境维护成本，减少环境损失成本；缓解环境保护和经济发展的矛盾，改善环境及生态状况，对煤炭企业走可持续发展道路起到至关重要的作用。

（二）煤炭企业清洁生产评价指标

利用指标对煤炭企业清洁生产程度进行评价，对评价结果进行考核，能起到控制煤炭企业环境成本的目的。

科学合理的指标体系是系统评价准确可靠的基础和保证，也是正确引导系统发展方向的重要手段，因而必须遵循一定的原则。

1. 针对性原则

指标体系的确定必须针对煤炭企业开采及其对环境影响的特点，并联系实际，因地制宜，适当取舍。

2. 科学性原则

评价方法要以科学的理论作指导，使其能够在基本概念和逻辑结构上严谨、合理，抓住评价对象的实质并具有针对性。同时，无论采用定性分析法还是定量分析法都必须是客观的抽象描述，抓住最重要的、最本质的和最具有代表性的东西。对客观实际抽象描述得越清楚、越简练、越符合实际，科学性就越强。

3. 过程合理性原则

评价过程是从理论向实际应用转化的环节，评价过程合理才能保证评价结果的正确，对于整个评价具有重要意义。首先，要确定合理的评价方案，根据清洁生产的目标，确定评价对象、选择评价标准、提出合理评价方法；其次，在评价工作实施中，要保证收集的评价资料、信息处理与分析的正确性和合理性；最后，对于评价的总结要合理。

4. 实用性原则

实用性原则指的是实用性、可行性和可操作性。指标要简化，方法要简便。评价指标体系要繁简适中，计算评价方法简便易行，即评价指标体系不可设计得太烦琐。在能基本保证评价结果的客观性、全面性的条件下，指标体系应尽可能简化，减少或去掉一些对评价结果影响甚微的指标。

根据清洁生产的原则要求，指标体系分为定量评价和定性评价两大部分。凡能量化的指标尽可能采用定量评价，以减少人为的评价差异。评价指标所需的数据易于采集，无论是定性评价指标还是定量评价指标，其信息来源渠道必须可靠，并且容易取得，整体操作要规范。

定量评价指标选取了具有共同性、代表性的能反映"节约能源、降低消耗、减轻污染、增加效益"等有关清洁生产最终目标的指标，创建评价模式；通过对比企业各项指标的实际完成值、评价基准值和指标的权重值进行计算和评分，量化评价企业实施清洁生产的状况和水平。

定性评价指标主要根据国家有关推行清洁生产的产业政策选取，包括产业发展和技术进步、资源利用和环境保护、行业发展规划等，用于定性评价企业对国家、行业政策法规的符合性及清洁生产的实施程度。

定量评价指标和定性评价指标分为一级指标和二级指标两个层次。一级指标为普遍性、概括性的指标，包括资源与能源消耗指标、生产技术特征指标、污染物产生指标、资源综合利用指标、环境管理与劳动安全卫生指标。二级指标为反映煤炭企业清洁生产特点的、具有代表性的、易于评价和考核的指标。

清洁生产是一个相对概念，它将随着经济的发展和技术的进步而不断完善，因此，清洁生产评价指标及指标的基准值也应视行业技术进步趋势进行不定期调整，其调整周期一般为3年，最长不应超过5年。

在评价指标体系中，各项指标的评价基准值是衡量该项指标是否符合清洁生产基本要求的评价基准。本评价指标体系确定各定量评价指标的评价基准值的依据是：凡是国家或行业在有关政策、规划等文件中对该项指标已有明确要求值的，就选用国家要求的数值；凡是国家或行业对该项指标尚无明确要求值的，则选用国内重点大型煤炭企业当年清洁生产所实际达到的中上等以上水平的指标值。本定量评价指标体系的评价基准值代表了行业清洁生产的平均先进水平。

在定性评价指标体系中，设置的各项二级指标是行业内目前无法量化或缺乏统计数据的指标，通过对技术装备的先进性及生产、质量与环境管理水平的认定，客观地反映了企业清洁生产的面貌。

清洁生产评价指标的权重值反映了该指标在整个清洁生产评价指标体系中所占的比重，原则上是根据该项指标对煤炭企业清洁生产水平的影响程度及其实施的难易程度确定的。

五、煤炭企业环境成本事后管理——审计

审计是社会经济发展的需要，是责任委托人与受托责任人之间的受托经济责任关系。传统审计是独立的第三方对受托人履行状况的监督、评价和鉴证，考察其是否能够完全地履行受托的经济责任，最终实现财产的增值。环境成本审计是经济发展的必然趋势，企业的利益相关者要求企业承担社会责任、保护环境，并由独立的审计部门对其在履行环境责任方面进行检查和鉴证。环境成本审计作为环境成本管理一个重要部分，起着对环境成本

事后管理的作用。从环境管理责任论的角度讲，环境成本审计是一项由审计部门对行为组织的环境管理责任进行的鉴证活动；从管理工具论的角度讲，环境成本审计是环境管理的工具，对与环境有关的组织业绩进行系统的、合理的估价，建议采取相应的环境管理措施，以达到保护环境的目的；从审计职能论的角度讲，环境成本审计是审计组织对被审计组织的环境保护计划或行为的真实性、合法性和效益性进行审查鉴证的一种监督活动。

煤炭环境成本审计是煤炭环境成本管理的一部分，是国家审计机构、社会审计组织或者煤矿内部审计机构对企业遵守环境法律法规、有关环境项目的财务收支、绩效及环境保护资金的形成和使用进行监督和评价，使之符合可持续发展要求的审计活动。

（一）煤炭企业环境成本审计的目标

审计目标是审计行为所要达到的效果，它受到环境、理论及务实发展自身条件的影响。煤炭环境成本的审计目标主要是监督煤炭企业履行环境管理责任，保证环保资金合理有效利用，促进煤炭行业的可持续发展，进而达到社会经济的可持续发展。具体表现为以下5点：

第一，鉴证和评价煤炭企业的环境保护活动及环保活动的信息真实性、合法性和效益性；其真实性包括对防止污染、治理污染以及宣传环保所使用的各项资金收支情况的审查，也包括对企业环境报告进行审查；合法性是指环保资金的筹集和运用、各项环保活动是否合法；效益性是指审查和评价企业所做的环保工作的经济性和效果。

第二，评价煤炭企业的环境管理机构是否设置，工作效率如何，从而揭示影响工作效率的因素，以达到提高整体工作效率的目的。

第三，监督检查煤炭企业对于国家制定的各项环保政策、法规、制度以及国际标准的执行情况，进一步促进环境保护工作的顺利进行。

第四，评价环境规划和决策的合理性，以及对后续经济活动的环境影响，进一步说明规划和决策评价的重要性，以促进煤炭企业加强环境管理。

第五，审验煤炭企业的环境报告、鉴定报告的公允性和完整性，帮助煤炭企业选择修改的方式报告环境费用、环境责任和环境风险。

（二）煤炭环境成本审计的主体和对象

1. 煤炭环境成本审计的主体

目前，我国环境成本审计的主体主要包括三个方面：国家级、企业级、独立第三方。国家级主要是指国家审计机关，它们代表国家利益，在相关规定的授权范围内对社会经济活动和国有资产经营活动开展审计，具体包括重大建设项目的环境影响、环境规划审计，环保机构的设置及工作效率审计，环保制度、政策的制定和执行情况的审计等。

企业级主要是指煤炭企业内部对本单位经济活动中环境影响评估、环境制度遵守情况的审计。

独立第三方主要是指注册会计师事务所等第三方独立机构，这些机构受企业的委托对该企业经济活动中的环境影响审计，对环境报告完整性、公允性进行审计，以及对环境政策制度的执行情况进行审计。

2. 煤炭环境成本审计的对象

环境成本审计的内容一般是从经济活动出发，监督、鉴证、评估环境问题，主要包括环境信息的审计和环境管理系统审计。

信息审计是指以环境成本会计准则和环境成本审计准则或规范指南等为基本依据，对以货币表现的、财务信息为主的定量环境信息载体实施审计，包括会计凭证、账簿、报表及其他相关信息进行审计。具体内容有环境资产、环境负债、环境权益、环境收入、环境费用、环境效益、环境投资和环境基金8个方面的审计。

管理系统审计是指为了提高环境管理的效率，以环境法规、环境制度、环境质量标准和环境成本审计准则或规范指南为依据，对保护环境质量所采取的管理措施、步骤、技术、方法和手段及其形成的文件和指标方面等非货币、非财务信息的环境管理活动实施审计。具体内容为环境法规执行的合法性和合规性、环境质量管理的有效性。

（三）煤炭企业环境成本审计依据

审计依据是指审计主体在进行审计行为时所遵循的审计职业规范。煤炭企业环境成本审计依据主要包括环境法律法规和环境标准。

（四）煤炭企业环境成本审计的程序和方法

1. 煤炭企业环境成本审计的程序

现代审计基本的过程：了解鉴证对象及其他业务；评估鉴证对象信息可能存在的风险；应对评估的风险；针对风险实施进一步程序。根据煤炭企业环境成本审计的特点，应采取以下程序：

首先，确立审计的基本目标，发现风险，提出处理办法，增强环保意识。煤矿环境成本审计的具体目标是随每个项目具体情况的不同而不同。要了解煤矿的基本情况，如产量、利税、生产工艺、技术装备、环境灾害的种类、污染物的产生量、危害性及处置与达标排放情况、环保设施的技术水平及运转情况等，从而具体了解煤矿的环境成本的内控情况，并检查成本报表的真实性和信息可靠性。

其次，运用内部控制测试方法，寻找内部控制和生产中的薄弱处，获取审计证据，并从三个方面对煤炭环境成本进行评价，即煤炭环境成本信息是否完备，煤炭环境成本是否合法以及环境成本是否有经济效益和效果。

再次，按照预先制订的审计计划具体内容，对环境成本的凭证、账册和报表等进行抽查，通过核对、审阅、分析、盘存等，查看报表、账册、凭证和实物之间是否相符。在此阶段，由于煤矿环境成本审计的特殊性，如果采样报告的可靠性不够，需要另外聘请专家，或召集有关当事人、当事方、相关方等有关专家召开听证会，广泛听取意见，进行重新采样，再评估。

最后，完成环境成本审计报告。报告一般包括审计对象、审计目标、专业管理部门的意见等。由于煤矿环境成本审计的特殊性，在环境审计报告阶段除了常规的审计报告工作外，审计报告时必须聘用有关工程技术人员和专家列出相关的审计标准，运用其他专业技术标准也要在审计报告中列出。

2. 煤炭环境成本审计的方法

环境审计的方法是指审计人员检查和分析环境审计对象，收集环境审计证据，对照环境审计依据，编写环境审计报告，作出环境审计结论，提出审计意见等各种手段的总称。在煤矿环境成本审计方面，除了常规审计工作中运用的审核、观察、监盘、计算、询问、函证、分析性复核等基本方法外，还运用以下方法，以更好地实施环境成本审计。

（1）环境费用效益分析法

用于项目对环境质量的影响分析环境改善带来的效益和环境破坏带来的损失。

（2）环境费用效果分析

在费用效益分析的基础上，选择费用最低但是能最大限度改善环境质量的方案。

（3）环境决策分析

在环境规划绩效审计时，对最佳方案作出解释和证明。

（4）风险分析法

分析煤炭环境成本的影响因素，找出敏感因素，确定其影响程度，从而评价风险的影响性。

（5）环境价值评估法

常用的价值评估方法有市场价值法、替代市场法、调查评估法等。

第三章
煤炭资源开发之地质勘查技术

第一节　煤炭钻探技术与应用

一、金刚石绳索取心钻进技术

金刚石具有极高的硬度、强度、耐磨性及导热性。在钻探领域，人们逐渐利用金刚石特有的性能制作钻头来钻进坚硬岩石。20 世纪 70 年代，我国在人造金刚石复合超硬材料、钻头焊接技术方面取得突破性进展，使得金刚石钻头寿命和钻进效率有了大幅度提高。为了发挥金刚石钻进优势，缩短提取岩心辅助时间，开发了绳索取心技术。两者的结合大大提高了钻进效率。目前，我国金刚石绳索取心钻进技术已发展得很成熟，在快速钻进领域起着不可替代的作用。

（一）金刚石钻进

1. 钻探用金刚石

（1）钻探用天然金刚石

①钻探用天然金刚石品级

依据金刚石晶体形态、表面特征、透明度、颜色等评价钻探用天然金刚石。

②钻探用天然金刚石粒度

衡量天然金刚石的国际公用单位为克拉（carat，1 克拉 = 0.2 克）。钻探用小颗粒金刚石常用 1 克拉多少粒或用过筛网目数（每平方英寸内的网格数）来衡量。钻探用金刚石粒度为粗粒 5~20 粒/克拉；中粒 20~40 粒/克拉（粗、中粒多用于表镶钻头）；细粒 40~100 粒/克拉；粉粒 100~400 粒/克拉（细、粉粒多用于孕镶钻头）。

（2）钻探用人造金刚石

①单晶

人工合成的较粗粒的单个晶体，有较规则的几何形状。

②聚晶

把一些细小的人造金刚石微粒，经过再一次压制而成的有一定几何形状的大颗粒多晶体的聚合体。

③复合片

由层厚 0.5~2 毫米的金刚石层与层厚 4~8 毫米的硬质合金层组成的圆柱状复合体。硬质合金层为金刚石层的衬片，可提高复合片的抗冲击性能。最新成果还有一种中间凸出的复合片，在破碎地层时有较好的钻进效率。

2. 金刚石钻头的种类

金刚石钻头的分类多种多样。根据其钻进工程和碎岩特点的不同，可分为表镶金刚石钻头、孕镶金刚石钻头、晶体（包括复合片）金刚石钻头 3 类。

（1）表镶金刚石钻头

目前多数的表镶金刚石钻头选用天然金刚石，常用的粒度为 15~60 粒/克拉，主要依据岩层性质来选择金刚石的粒度，岩层越硬越致密，选用的粒度越小。

（2）孕镶金刚石钻头

孕镶金刚石钻头使用小粒的不同质量的天然或人造金刚石。根据所钻岩层不同，可选用不同粒度，当钻进较为坚硬的岩层时，应选用质量较好的金刚石。

在孕镶钻头的胎体中，以金刚石的浓度来表示金刚石的含量，它是影响孕镶式钻头钻进性能的一个重要参数。

（3）晶体金刚石钻头

这类钻头可分为复合片钻头（PDC 钻头）、聚晶体钻头（PCD 钻头）、烧结复合体钻头。

现在，聚晶金刚石钻头基本取代了中硬和中硬以下岩层采用的硬质合金切削钻头钻进。因硬质合金切削刀具粒度大，采用大的切入量可获得高钻速。但硬质合金的硬度和耐磨性有限，钻速下降较快。聚晶金刚石钻头克服了硬合金钻头缺点，使钻速保持在较高水平，同时，聚晶金刚石克服了金刚石钻进中由于金刚石粒度小、仅能应用于钻进硬岩且要求以高转速钻进的不足。

（二）金刚石绳索取心钻进工艺

1. 绳索取心钻具

绳索取心钻具由单动双管（内管总成、外管总成）和打捞器两部分组成，其容纳岩心的内管总成还能在钻杆内升降。

2. 钻进工艺

（1）钻头的选择及使用

要选用金刚石质量、胎体性能均好的钻头；因绳索取心钻头壁厚而影响钻进效率，尽可能选择多自由面碎石的钻头（阶梯式或环槽尖齿式钻头）。

（2）钻井液选择

钻杆与孔壁间隙小，内管要在钻杆柱内投放及提升，钻井液要求比重小、流动性好，在地层条件允许的情况下，尽量采用清水加润滑剂作为钻井液，防止泥皮的形成。

（3）钻具组装、检查和调节

绳索取心钻具下孔前，按照装配图分别组装好内外管总成和打捞器，并对钻具的主要零配件进行认真检查，确保钻杆的通径无阻，确保内管上下畅通。

（4）起下钻注意事项

绳索取心钻进时环孔间隙小，起、下钻引起的压力激动值大，应合理控制起、下钻速度。起钻时，先打捞出内管总成以增加钻井液流通面积，减小抽吸作用对孔壁的影响；下钻时先下外管，再投内管，以减小钻具的冲击力，有利于保护孔壁。

（5）保持孔内压力

提升钻具或打捞内管总成时，均须向孔内回灌一定量的钻井液，避免因钻杆柱外液柱下降，造成钻杆内外之间的压力差致使孔壁坍塌。

3. 金刚石绳索取心钻进优缺点及应用范围

（1）优点

第一，提高了钻进效率；

第二，提高了岩心采取率；

第三，延长了钻头寿命；

第四，减轻了劳动强度。

（2）缺点

第一，钻杆材质要求高，钻具精度高，成本昂贵；

第二，钻杆与孔壁间隙小，钻杆磨损严重，钻井液循环阻力增大；

第三，绳索取心钻头壁较厚，钻进坚硬地层时效果差。

（3）应用范围

第一，金刚石绳索取心钻进原则上可钻进不同岩层，从经济角度考虑，以钻进4~6级中硬度岩层的效果最为显著，一般不宜钻进10~12级坚硬岩石。

第二，小口径绳索取心钻进，孔深受取心钻杆性能限制，由于取心钻杆壁较薄，当钻具重量超过钻杆抗拉强度时，取心钻杆就会变形甚至被拉断。大口径绳索取心钻杆由于采用石油 API 标准的石油钻杆，孔深可达几千米。

第三，在易坍塌破碎地层，需下护管施工，否则由于孔壁与钻杆柱间隙小，容易造成卡、埋钻事故。

二、受控定向井钻进技术

随着固体地产勘探、石油天然气、煤层气、地热和地下水资源勘探和开发的日益扩大，许多项目施工要求也在不断提高，在达到同样施工目的前提下，定向钻进能大大节约钻进工作量及施工费用，受控定向井钻进应用越来越广。

（一）定向井分类

1. 单孔底定向孔

只有定向主孔而无分支孔的定向钻孔。

2. 多孔底定向孔

既有主孔又有分支孔的定向钻孔，主孔只有一个，而分支孔有一个或多个。从主孔中分出的支孔，称一级分支孔；从分支孔中再分出来的支孔，称二级分支孔。

3. 丛式井

在同一井场，施工多口定向孔，定向孔孔深轨迹呈立体放射状，总称丛式井。

4. 水平 L 井

井身轨迹底部基本呈水平状，形状像 L 形。

5. 水平对接井

直井和水平定向井井底实现连通，剖面呈 U 字形，直井和水平定向井井口相距几十米至上千米不等。

6. 多分支水平羽状井

在主水平井眼的两侧不同位置分别钻出多个水平分支井眼，也可在分支上继续钻二级分支，因其形状像羽毛，所以称其为水平羽状井。

（二）定向井的应用范围

1. 由于地面情况限制使用定向钻进

第一，由于地面有建筑、公共设施等障碍物。

第二，山高坡陡、修路和修井场困难的可采用定向钻进。

2. 由于地质条件要求使用定向钻进

第一，对矿体产状急倾斜的地层采用定向钻进可增大岩层角，获得有代表性的资料。

第二，矿体埋藏较深或上部地层坍塌严重时，可采用多孔底定向钻进方式，避免多次穿过无效地层和复杂地层。

3. 由于工程技术需要使用定向钻进

第一，矿山抢险救灾中需用定向钻进透巷进行封堵、灭火或疏通等。

第二，绕过孔内事故段或补取岩矿心。

第三，为增加出气量、出油量、出水量而施工的水平井、水平对接井、多分支水平羽状井等。

第四，敷设地下电缆或管道而施工的定向井。

（三）定向孔孔身轨迹设计的主要内容

第一，确定定向钻孔类型、孔身轨迹形式；

第二，确定定向孔靶点、靶区；

第三，确定主孔和分支孔实施方案；

第四，确定造斜点和分支点；

第五，确定定向钻孔曲线段的曲率半径；

第六，确定定向钻孔孔身轨迹参数；

第七，进行经济效益评估。

（四）煤层气多分支水平羽状井技术应用

目前，受控定向钻进技术以煤层气多分支水平钻进最为复杂、最具代表性。

煤层气多分支水平羽状井钻井工艺集水平井钻进、两井连通、分支井眼钻进、地质导向、欠平衡钻进技术于一体，是一项技术性强、施工难度大的系统技术工程。同时，为了保持煤层的井壁稳定，煤层段采用小井眼（直径 152.4 毫米井眼）钻进，这对钻井工具、测量仪器、钻井设备等都提出了新的要求。

1. 井眼剖面设计与轨迹控制技术

（1）井眼剖面优化设计

①主井眼入煤层方位的确定

考虑到煤层产能优化和井壁稳定，进入煤层的井眼方位尽量垂直于煤层最小主应力方向。

②井眼轨迹设计必须满足现场施工要求

煤层气多分支水平井垂直井段短，通常在 500 米以内，而水平段一般在 1000 米以上，钻柱提供的钻压是有限的，在井身剖面设计中，要使所设计的井眼轨迹满足滑动钻进的要求。

③井身剖面设计应满足各种设计条件下的最短轨迹

根据目标点，按照不同设计方法设计出的井眼轨迹长度是不同的，应尽可能选择长度短的轨迹，减少无效进尺，既可提高钻井的经济效益，又可降低施工风险。

④钻杆摩阻和扭矩最小

煤层气多分支井的显著特点是水平位移大，分支较多，80% 以上的进尺在水平段，这导致钻杆柱和套管柱在井眼内摩阻和扭矩很大，以及钻压难以施加等问题。摩阻和扭矩是多分支水平井的水平位移大小的主要限制因素，应尽可能选择摩阻和扭矩小的轨迹。

⑤井眼轨迹在煤层中上部设计

考虑到煤层的井壁稳定性差，主井眼和分支井眼要处于煤层中上部位，以利于安全钻进。

（2）井身结构优化设计

考虑到煤层气直井洞穴井与水平井的连通，后期的排水采气和煤层的井壁稳定等因素，水平分支井井身结构通常采用以下设计：

第一，井身结构：直径 244.5 毫米表层套管×H1+直径 177.8 毫米技术套管×H2（下至造斜段结束处）+直径 152.4 毫米主水平井眼（裸眼完井）+直径 152.4 毫米分支水平井眼。

第二，洞穴井井身结构为：直径 244.5 毫米表层套管×H1+直径 177.8 毫米技术套管×H2（煤层顶）+裸眼段（包括口袋）。

第三，由于煤层承压强度低，技术套管一般不能下到煤层中，防止固井时将煤层压裂，导致后续钻进过程中井壁坍塌。

第四，从抽排采气角度考虑，套管必须将煤层上部大量出水的地层封堵。

第五，考虑到洞穴井底造穴有落物，井底必须留有合理容量的口袋，口袋留深以不揭开下部含水层为原则，可适当增大口袋留深。

2. 多分支井眼钻进技术

（1）水平井主井眼垂直段

采用常规钻井方法施工，控制井斜。

（2）主井眼造斜段

采用"钻头+螺杆马达+MWD（无线随钻测斜仪）"的定向钻具组合，施工过程中要确保工具的造斜率达到设计要求，使井眼轨迹在煤层顺利着陆。

（3）水平主井眼及分支井眼钻进

采用"钻头+单弯螺杆马达+LWD（综合数据参数的无线随钻测斜仪）+减阻器"的地质导向钻具组合钻进。通过连续滑动钻进的方式实现增斜、降斜，通过复合钻进的方式稳斜，既达到连续钻进的目的，又可随时根据需要调整井眼状态。为了将井眼轨迹更好地控制在煤层气中钻进，采用地质导向技术进行井眼轨迹实时监测和控制。首先利用前期地震的资料建立区块的地质模型，然后利用从 LWD 随钻监测到的储层伽马、电阻率参数来修正地质模型并调整井眼轨迹。另外，定向井工程师还可以结合录井仪实时监测钻时和返出的岩屑，判断钻头是否穿出煤层。

（4）分支孔侧钻技术

第一，起钻至每一个分支的设计侧钻点上部，然后开始上提下放，将钻柱中的扭力释放后开始悬空侧钻。

第二，侧钻时将工具面角摆到 ±140°～±150°，首先向左/右下方侧钻，形成一条向下倾斜的曲线。因为钻柱处于水平井眼的底部，而不是中心线部位，±140°～±150°的工具面角能够让钻头稳定地和井眼接触，以防止振动引起煤层的垮塌。

第三，侧钻时采取连续滑动的方式，严格控制 ROP30S 参数（30S 的平均机械钻速），新井眼进尺的 1～2 米内 ROP30S 控制为 0.8～1.2 米/小时，2～3 米内控制为 1.2～2.5 米/小时，3～10 米内控制为 3 米/小时，整个侧钻工序预计需要 5 小时。

第四，滑动侧钻至设计方位和井斜后，开始复合钻进。钻进过程中要密切注意摩阻和扭矩的变化。钻完每一个分支后，至少循环一周，起钻至下个分支的侧钻点位置。重复上述步骤，完成其余分支井眼的作业。

3. 煤层气井造洞穴技术

煤层气井在煤储层通常下入一根直径 177.8 毫米玻璃钢套管。为了易于实现水平井与洞穴井在煤层中成功对接并建立气液通道，需要在洞穴井的煤层部位造一洞穴，洞穴的直径一般为 0.8～1.5 米，高为 2～5 米。目前有两种造穴方式，水力造穴和机械扩孔钻头造穴。因机械扩孔造穴对煤层扰动小，有利于保持孔壁稳定，现在大多采用这种方式造穴。

4. 水平井与洞穴井连通技术

两井连通采用强磁对接设备。连通过程中，首先在洞穴井中下入探管，在水平井地质导向钻具组合钻头上部连接一个强磁短节。连通前，首先将两井井底所测的陀螺数据输入强磁设备配套的采集软件中，初始化坐标系。当钻头进入探管的测量范围后（40 米），探管就可以不断地收到当前磁场的强度值，定向井工程师根据采集的测点数据判断出当前的井眼位置，实时计算当前测点的闭合方位并预测钻头处方位的变化，然后通过调整工具面及时地将井眼方向纠正至洞穴中心的位置。接近洞穴时，根据防碰原理，利用专用的轨迹计算软件进行柱面法扫描，判断水平井与洞穴中心的距离，从 3D 视图上分析轨迹每接近洞穴一步其变化趋势，达到连通的目的。

三、空气潜孔锤钻进工艺

空气潜孔锤钻进工艺的诞生及发展是世界钻探技术的一次重大革命，它改变了传统的切削和研磨碎岩方式，改变了传统液体循环介质的模式，使岩石成体积破碎，岩屑快速返出，大大提高了钻进效率和对坚硬地层的适应性。

（一）空气潜孔锤技术

1. 空气潜孔锤的基本特点

空气潜孔锤工作特点是以压缩空气为动力（包括含泡沫的压缩空气），将压缩机产生的压缩空气的能量通过潜孔锤这个能量转换装置，对需要破碎的岩石产生高频的能量冲击。当这个能量冲击达到岩石的临界破碎功时，便产生岩石体积破碎，通过钻机和钻杆的回转驱动，形成对岩石的连续破碎能力，同时，工作后气体在一定的风速条件下将钻头进行冷却和排粉以实现钻进目的。

从岩石破碎的角度来看，潜孔锤钻进是以冲击碎岩为主，而回转是改变冲击碎岩位置同时起辅助碎岩作用。因此，钻进效率的高低在很大程度上取决于冲击器的性能和质量。其重要特点是，钻进硬岩效率高、钻头使用寿命长、回转速度低、扭矩小、轴心压力轻。

2. 空气潜孔锤的工作原理

在气缸中有一个活塞，当压缩空气从进气口进到气缸的上室时，由于压缩空气的压力作用在活塞的上端，推动活塞向下运动，到终点时冲击钻头尾部。在活塞向下运动过程中，气缸下室空间的气体从排气口排出。相反，压缩空气从排气口进入下室时，活塞就向上运动，上边的气体从进气口排出。如果不断改变进排气方向，就可实现活塞在气缸内的往复运动，从而反复冲击钻头尾部，实现冲击钻头连续工作。

3. 冲击器的类型

第一，按冲击器的配气方式和特点，可以分为有阀和无阀两种类型。有阀冲击器的配气特点是由配气机构的阀片控制配气的。按排气方式可分为旁侧排气和中心排气两种。旁侧排气使用最早，因其气缸内的气体由钻头两侧排出，故称旁侧排气冲击器。中心排气是气缸内的气体经钻头的中心孔排出，结构比旁侧复杂，加工精度高，这种冲击器能及时排出岩粉，不重复破碎，减少了钻头磨损，提高了钻凿效率。此结构是在旁侧排气基础上改进的，现在基本上都用此种结构类型。

无阀式冲击器没有阀，控制活塞往复运动的配气系统是布置在气缸壁上的，当活塞运动时自动排气。由于这种冲击器不用阀片配气，而能够利用压缩空气的膨胀功推动活塞运动，从而减少了动力消耗。特点是零件少、结构简单、加工方便，与有阀冲击器相比，压力消耗量可节省 30% 左右。无阀式冲击器按排气方式还分为旁侧排气和中心排气两种。现在使用的多为中心排气的无阀冲击器。

第二，按冲击器额定工作压力可以分为低风压冲击器和中、高风压冲击器。一般额定工作压力在 0.5~0.8 兆帕的为低风压冲击器，0.9~1.4 兆帕的为中风压冲击器，大于 1.5 兆帕的为高风压冲击器。

第三，按冲击器的钻进口径可分为小口径冲击器和大口径冲击器。口径在 200 毫米以内的为小口径，大于 200 毫米的为大口径。

第四，按潜孔锤的中心通孔形式可分为普通式、中空式和偏心式，应用范围各有不同。

第五，为扩大应用领域，还包括有单头大口径气动潜孔锤和多头大口径集束式气动潜孔锤。

4. 潜孔锤钻头

潜孔锤钻头是传递冲击能量并直接破碎岩石的工具，它与冲击器形成整体机构，钻头的结构形式和制造质量的好坏，直接影响着潜孔锤的使用效果。所以，根据岩石物理机械性质的不同，合理选用不同形式、不同结构的钻头是提高钻进效率、增加钻头使用寿命的重要技术条件。

潜孔锤钻进所用的钻头形式，基本有同心式合金球齿钻头、偏心式合金球齿钻头、刃片型合金钻头、反循环合金球齿钻头。

5. 潜孔锤钻进技术参数

潜孔锤钻进操作技术虽比较简单容易，但必须科学和熟练地操作，才能取得理想的钻进效果。钻进效率的高低不仅取决于所用空压机、冲击器和钻头的性能，还必须合理操作，正确选用钻进技术参数。

（1）风压与风量

在潜孔锤钻进时，其钻进速度与所用压缩空气的压力密切相关。选用空压机时，在充分参考潜孔锤规定风压值的同时，也要考虑因管路消耗、克服水柱背压、启动潜孔锤的压力及维持空气或空气泡沫循环的压降等组成的额外压力。一般来说，较高的空气压力将增加潜孔锤的工作效率，空气压力还决定了潜孔锤的钻井深度。钻井深度越深，所需空气压力越大，这就是潜孔锤钻进配备增压机的原因。

关于潜孔锤钻进所需风量，一是碎岩钻进所需风量，二是此风量值也能满足排岩屑的需求。由于潜孔锤钻进速度快且岩屑颗粒大，所以需要较大的风量才能使井底干净。对于常用的潜孔锤正循环钻进而言，岩屑从孔底经钻杆与孔壁的间隙排送到孔外要依靠气流，其速度应尽可能达到 20 米/秒，一般情况下不小于 15 米/秒，否则孔内岩屑多，会严重影响钻进效率。

（2）钻压

空气潜孔锤的基本工作过程，是在静压力（钻压）、冲击力和回转力三种力的作用下破碎岩石的。其钻压的主要作用是为钻头齿能与岩石紧密接触，克服冲击器及钻具的反弹力，以便有效地传递来自冲击器的冲击功。钻压过小，难以克服冲击器工作时的背压和反弹力，直接影响冲击功的有效传递；钻压过大，将会增加回转阻力，使钻头早期磨损。对于 216 毫米孔径的潜孔锤来说，最佳压力在 1.5 吨左右。一般来说，按潜孔锤直径计算，每增加 1 厘米可增加压力 0.5~0.8 吨，可根据地层情况适当调节。

（3）转速

潜孔锤回转速度对于顺利钻进和延长钻头寿命起着决定性的作用。潜孔锤钻进时，回转的唯一目的是锤头上的球齿在每经过一次冲击后都能落在新的岩面上，在钻头外缘上的球齿对回转特别敏感。假若回转速度过慢，钻头上的球齿将打入先前冲击过的坑穴中，会引起钻头的不稳定，使回转受阻，并使钻进效率下降；若回转速度过快，钻速不会增加，而钻头的球齿由于强大的摩擦力将引起过早磨损。所以，合适的锤头回转速度将延长钻头寿命，但合理的回转速度选择，主要与冲击器所产生的冲击功的大小、冲击频率的高低、钻头的形式以及所钻岩石的物理机械性能有关。

最优的钻头回转速度是获得有效的钻速、平稳的操作和经济的钻头寿命的一般要求。

（4）潜孔锤的操作技术

第一，开孔阶段操作必须小心，不要使锤头偏离孔口，并防止吹塌孔口充填物。

第二，当钻孔开始钻进时，需降低空气压力，使空气仅能推动潜孔锤运转即可，等工作平稳后再增大压力提高效率。

第三，正循环钻进时要加注泡沫剂，这有助于钻进过程中岩屑的清理、孔壁的稳定，并能控制孔内涌水。

第四，潜孔锤必须在要求的气压下工作，气压过高会明显缩短零件的使用寿命，过低会降低凿岩效率和缩短锤头的使用寿命。

第五，为了及时清除孔内岩渣，减少钻具的磨损，应经常从孔底提起潜孔锤，对孔内进行充分的排渣。

第六，如果孔内突然发生坍塌，应保持潜孔锤工作，并立刻在孔内上下活动。必要时还可增加转速，一直到潜孔锤能自由上下、使岩渣从孔内排净为止。

第七，加接钻杆时，要特别注意钻杆内的清洁，以避免砂土及管内铁锈等脏物进入潜孔锤内，引起零件损坏或发生停钻事故。所以，必须保证气路清洁通畅，并对钻杆丝扣涂抹螺纹脂。

第八，一根钻杆打完后，必须先将孔内岩渣吹扫干净，进而减小气量，慢慢放入孔底，过一会儿再慢慢地停气，然后才能加接钻杆，以防岩渣倒流到潜孔锤内。

第九，更换钻头时，要保证所换钻头直径小于被换下的钻头直径，以防钻头下不去。

第十，严禁钻具反转，以预防钻具掉入孔内。

（5）空气潜孔锤钻进的特点及应用范围

第一，该工艺方法钻进效率高，钻头寿命长，所需回转速度低，扭矩小，轴压小，并且有预防孔斜和纠斜作用。同时，设备和钻具的损耗也很小，已经获得了广泛的认可。

第二，潜孔锤钻进是目前提高硬岩钻进效率最有效地方法之一。生产实践表明，其钻进效率比回转钻进高 10 倍左右，尤其在干旱缺水地区和地表露出岩石地区，可以有效的钻进，达到提高生产效率、降低施工成本的目的。

第三，空气潜孔锤钻井工艺携带岩粉的能力主要取决于空气上返速度，钻井外环孔间隙过大时岩粉上返困难，空气潜孔锤钻进适用于井径 400 毫米以下的钻井施工。

第四，空气潜孔锤适宜钻进较硬地层，在第四纪表土层尤其是松软土层冲击钻进时，容易造成孔壁垮塌。钻进裂隙发育的地层时，由于空气漏失、岩屑很难返出，造成空气潜孔锤钻进无法施工。

第五，空气潜孔锤钻进属于负压欠平衡钻进，地层水容易侵入钻孔，如果出水量大于 10 立方米/小时，钻效将降低甚至无法施工。这种情况下，需要在空气中加入泡沫施工，必要时通过外置空压机增加风量，通过增压机增加风压，这时钻井成本将上升。

（二）空气潜孔锤配套设备——顶驱车载钻机

顶驱车载钻机优越性：对钻井而言，提高效率分为两方面，一方面是钻进效率的提高，另一方面是辅助时间的缩短。空气潜孔锤改变了传统回转钻进工艺原理，解决了钻进效率难以提高的问题。车载钻机的应用是缩短钻井辅助时间的最好选择。车载钻机不需另外的吊装和运输，可直接开到井位并快速竖起井架，和常规回转钻机相比，大大节省了开钻前的准备时间，可达到当天搬迁当天开钻的水平。又因该钻机装配顶驱动力头，可实现自助给压回转目的，克服了常规钻机开孔无法给压的难题，开孔后可用空气潜孔锤施工。有的顶驱车载钻机自身携带空压机，可自身实现供气功能，快速进行钻井施工。顶驱车载钻机施工，空气潜孔锤钻进，两者相互结合，实现了快速钻进目的。

四、气举反循环钻进技术

气举反循环钻进技术是一种先进的钻探工艺。由于液流上返速度高，携带岩粉能力强，具有钻进效率高、成井质量好，在复杂地层中钻进安全可靠，减少辅助时间和减轻劳动强度等特点，已成为国内外施工水井、地热井、煤层气井、瓦斯排放井及大口径工程施工孔的主要技术方法之一。

目前国外已广泛采用此项技术，而且发展得较为完善。我国的应用研究工作也取得了突破性的进展，应用范围不断扩大。

（一）气举反循环钻进工作原理

气举反循环钻进工作原理同空压机气举抽水工作原理相类似，即以压缩空气通过双壁气水龙头，经双壁主动钻杆、双壁钻杆的内管和外管之间的环状间隙从混合器处喷入内管，形成无数小气泡，气泡一面沿内管迅速上升，一面同时膨胀，压力降低，从而产生气举作用。

由于压缩空气中不断进入钻井液，在混合器上部形成低密度的气水混合液。而井中的液体密度大，根据连通器原理，内管的气水混合液在压差作用下向上流动，把孔底的岩心或岩屑连续不断带出地表，排入沉淀池。沉淀后的泥浆再流回孔中，经孔底进入钻杆内补充循环液空间，如此不断循环形成连续钻进的过程。

（二）气举反循环应用前技术准备

1. 钻具的选择

实现气举反循环钻进的核心就是要选用一套合理的钻具。钻具选择的好坏直接影响着钻进速度的高低。从技术角度出发，一般钻孔口径在 600 毫米以内宜选用双壁钻具，大口径工程孔可选用并列式钻具，或者选用大直径带扶正的特殊双壁钻具。

所用的单壁钻杆内径与双壁钻杆内径应尽可能一致，以提高排屑能力，保证管内畅通。

当空压机压力能满足需要时，尽可能多配双壁钻杆，最好能做到将双壁钻杆下端的混合器放置在钻头或钻铤上部为好，这样不仅可以尽量减少使用单壁钻杆，而且还能减少为增加单壁钻杆而下钻的次数，减轻工人的劳动强度，更重要的是能提高钻头处岩屑的上返速度，从而获得更高的机械钻速。

2. 配套设备的选择

（1）钻机的选择

凡具有转盘式钻机的均可进行气举反循环钻进，也可在全液压动力头车装钻机上使用。在浅孔时要想获得较高的钻进效率，应优先选用有加压装置的钻机，否则应配备加压钻铤。

（2）空压机的风量与压力选择

为了获得足够的上返速度，当地下水位较深、沉没比较小、钻孔口径和双壁钻杆内径较大时，应选用大风量的空压机，以提高钻进效率；反之，可选择小风量的空压机，以节约能源和降低成本。

由于钻孔口径决定了钻杆内径，而钻杆内径和风量有着密切的关系。根据我国研制成功的几种规格双壁钻具来说，风量一般可选为4~12立方米/分钟。要想得到足够的上返速度和较高的钻进效率，一般来讲，空压机的压力以大些为好。因为压力大，混合器下入得深，可以获得较高的钻进效率。

空压机的排气量和工作压力是决定气举反循环钻进效率和孔深的主要参数，因此，空压机的选择也是气举反循环钻进技术的应用关键。因为它关系到循环液流在钻杆内上升速度，而循环液流的上返速度是携带岩屑的主要因素。循环液流把处于钻头下部的岩屑冲向钻头的吸口，很快进入钻杆内腔。岩屑进入吸口时间越短，重复破碎的现象就越少，钻进效率就越高。另外，岩屑进入钻杆内腔之后，还靠液流垂直上升速度把岩屑从孔底带到地面，这就要求液流上升的速度要大于岩屑的沉降速度。

3. 钻头类型的选择

要根据地层情况、钻机的加压能力等来合理选择不同的钻头。具体说，就是钻头吸口孔径比钻杆内径要小15~20毫米，这样有利于岩屑在钻进过程中经钻杆能顺利排至地表。目前，不论国外还是国内，反循环钻进采用的钻头大致相同，一般可分为翼状刮刀钻头、牙轮钻头及组焊牙轮钻头、普通滚刀钻头、阶梯式滚刀可换组合钻头等。

4. 冲洗液的选择

尽管气举反循环钻进时管外环流速度低，而且不存在冲洗液对孔壁的直接冲刷问题，但由于钻进时有可能产生坍孔现象，钻进黏性土地层时易出现糊钻等，一般应选用静切力小、流变性好的优质泥浆作为钻进松散地层的冲洗液。如果遇到漏失以及不稳定地层时，可直接向孔内注入黏土粉或红胶泥土。但是，在地层较稳定以及钻进基岩时，可采用清水作为冲洗液。当在基岩裂隙、溶洞层地下水丰富且能满足沉没比的情况下，不需要再往孔内回水，可直接往外排水钻进。

（三）气举反循环钻进操作注意事项

第一，下钻前应对双壁钻杆密封圈认真进行检查，下钻时要清除丝扣污物，涂好螺纹脂。另外，空气和排水胶管上下连接要牢固，并对取样装置固定好，以免启动时冲击力过大引起事故。

第二，在下钻临近孔底时，应先开动空压机，使钻具旋转缓慢下放，以免井底沉积物突然堵塞钻头使循环终止，尤其正循环改为气举反循环钻进及长时间停钻后，应留适当长度钻具进行扫孔。

第三，钻进时应根据循环液排渣情况，控制钻进速度，对孔底及时冲洗，钻进第四纪地层要特别注意。

第四，钻进中突然不返水，或时大时小以及间断返水，风压降低，排水管只冒气不返水，出现原因有五个方面：①钻头吸管被不规则形状砾石堵塞，这种情况卵砾石层最易发生。②黏土地层常因钻头结构不合理等因素逐渐泥包，使机械钻速降低，局部进水循环或完全泥包，无进尺。③沉没比不够或混合器以上钻杆内严重磨损以及密封圈脱落造成。这时可采用测量内管水位方法判别，如果内管与钻孔间水位连通，则说明混合器以上有问题，反之钻头堵塞。处理堵塞可将钻具提离孔底上下活动并回转，结合空压机瞬时开关强举，还可用泥浆泵正循环方法来冲。若处理无效，提钻检查。④在加单根钻杆或提钻时，应待循环液中岩屑排净后再停空压机。⑤双臂钻具搬迁或长时间不用时，必须将内管清洗干净，接头丝扣涂好螺纹脂，戴好丝扣帽，保证下次的顺利使用。

（四）气举反循环应用条件及范围

气举反循环钻进效率主要取决于压缩空气的压力和风量，以及混合器沉没在水中的深度。要使此项技术获得好的效果，应参考下述条件。

第一，钻孔内水位必须保持较高的水平，使混合器外的液柱压力大于混合器内气液柱压力，才能在压力差下实现循环。

第二，地层中不宜有湿胀性黏土以及大的卵砾石。由于黏土层岩屑在管内发生碰撞由小块变成大块，大块与水发生膨胀会堵塞内管；有时也因别的原因岩屑不能及时排除极易产生糊钻。另外，当遇到较多的超径卵砾石时，它们不能从管内通过，若钻头不能将它们破碎，它们将会聚集在孔底，给继续钻进带来困难。

第三，在第四纪漏水地层或地下水贫乏的地区施工时，应有充足的水源供给才能保证气举反循环正常钻进。通常要求泥浆池中冲洗液必须和孔内水位连通并不断补给，不能使循环液断流。

第二节　煤炭地震勘探技术

一、地震勘探概况

煤炭地震勘探技术主要用于煤炭资源勘查和煤矿采区勘探。

煤炭资源勘探是煤炭工业建设的基础工作，其基本任务是为煤炭工业布局提供可靠的资源情况，为煤矿建设和远景规划、矿区总体发展规划、矿井初步设计提供依据，并为地质科学研究积累资料。根据中国煤田地质特点和煤炭工业基本建设程序相适应的原则，煤炭资源勘查划分为预查、普查、详查和勘探 4 个阶段。而煤炭地震勘探可划分为 5 个阶段：概查、普查、详查、精查、采区勘探。前 4 个阶段与煤炭资源勘查阶段对应；第 5 个阶段，采区勘探是专为煤矿开采服务的。

在煤炭资源勘查中，找煤（概查）工作是在区域地质调查的基础上进行的，其主要任务是寻找煤炭资源，并对工区是否进行下一步工作作出评价；普查是在找煤的基础上或已知有勘查价值的地区进行，主要任务是对工作区有无开发价值作出评价，为煤炭工业的远景规划和下一阶段的勘查工作提供必要的资料；详查是在普查的基础上，根据煤炭工业规划需要，选择条件较好、开发比较有利的地区进行，其主要任务是为矿区建设开发总体设计提供地质资料，其成果要保证矿区规模、井田划分不致因地质情况而发生重大变化；精查一般应在矿区总体开发建设的基础上进行，其任务是为矿井初步设计提供地质资料，它的成果要满足选择井筒、水平运输巷道、总回风巷道的位置和划分初期采区的需要，要保证井田境界和矿井设计能力不致因地质情况而发生重大变化。

煤炭地震勘探划分 5 个阶段，即概查，普查，详查（主要采用二维地震技术），精查（主要采用二维、三维地震技术），采区勘探（主要采用三维地震技术）。

二、高分辨率与高密度地震勘探技术

（一）地震分辨率和高密度问题

1. 面元大小与横向分辨率的关系

目前地震勘探分辨率有不同的计算方法，被大家普遍接受、较容易理解的分辨率计算方法有两个，一个是瑞利分辨准则，另一个是调谐厚度分析法。瑞利分辨准则认为，两个相邻反射层只有在大于子波主频波长 1/4 时，才能被分辨。调谐厚度分析法是利用两相邻反射同相轴叠加振幅的变化特征分辨层间厚度，一般认为可分辨大于主频 1/8 波长的两个反射层；有人甚至认为，通过反演可以分辨大于主频 1/16 的两个反射层。无论采用瑞利分辨准则还是调谐厚度分析法，在大多数情况下，都涉及预期资料的信噪比和每种方法的允许范围。而瑞利分辨准则相对调谐厚度分析法而言不那么复杂，对 S/N 变化的容忍度更强。

上面对地震分辨率的分析是在假设地震勘探为连续采样或充分采样的前提下进行的，而且仅考虑了纵向分辨率。而实际上，地震勘探是空间不连续采样。而且，要查明地下构造和岩性变化，不仅需要纵向分辨率，也需要横向分辨率。

总之，在进行高密度地震勘探时，应针对探区具体情况，科学详细地分析勘探区的地质条件、大地对地震信号的吸收衰减作用可获得的最大有效信号频率、期望的最高频率、面元大小等关键参数，选择必须切合实际。可获得的有效信号最高频率必须能够从地表传播到目的层，并返回到地面；面元大小应保证最陡目的层的最高频率能接近期望得到的最高频率。如果期望的最高频率过高、面元过小，费用将浪费在试图记录因衰减而根本得不到的高频上；相反，期望的最高频率过小、面元过大，来自倾斜界面的高频信号将出现假频，影响分辨率的提高。

2. 观测系统设计的要点

在进行高密度地震勘探时，观测系统设计是至关重要的环节。由于高密度地震勘探技术主要应用在煤炭资源开发方面，因此，在高密度观测系统设计时首先要保证设计观测系统有利于室内处理中噪声分析和噪声的压制，提高地震资料的信噪比和分辨率；其次是要消除因观测系统设计带来的非地下地质条件引起的"采集脚印"问题，使地震振幅、相位、速度等地球物理参数的变化能真实地反映出地下地质信息，提高地震资料的保真度；再次是在高密度观测系统设计时，强调对称均匀采样与波场空间连续性采样的理念。

（1）基于噪声压制

由于高密度三维勘探面向小尺寸地质目标更加具体，在开展高密度三维勘探时有较多的地质及地球物理资料，如矿井资料（测井和钻井信息）、巷道实践、VSP、2D/3D 资料。通过对各种观测系统进行叠加响应、PSTM 响应分析与评价，选取的观测系统应当有最佳的噪声压制效果、对称和聚焦的 PSTM 响应。

（2）减弱"采集脚印"

观测系统产生"采集脚印"的原因是，三维采集中炮线、接收线周期性滚动观测引起炮检距、方位角等属性周期性变化。这种三维属性的周期性变化，引起面元在叠加时特性发生变化，从而导致反射波振幅、频率、相位等特征出现周期性变化。如果处理不当，在三维数据体时间切片上产生"采集脚印"，这势必会引起地震资料解释的误差。因此，在观测系统设计时应尽量减少"采集脚印"，提高地震资料的保真度。经过多年的研究分析表明，观测系统影响"采集脚印"的主要因素包括滚动接收线条数、纵横比以及炮线距与接收线距之间的差距。为了减少三维观测系统炮检距、方位角分布不均造成对地震信号特性（振幅、频率、频宽）的影响，应采用少滚动接收线的观测方式。

横向滚动距离越小、炮线距越小，由观测系统产生的"采集脚印"越小。对称采样一般要求接收点距与激发点距、接收线距与炮线距相等，以便能在不同方向观测到的地震波是均匀的，避免采样不均匀带来对地震波波场特征不正确的认识。有时为了兼顾施工效率和成本效益，可能会采用不相等的接收线距与炮线距，但必须保证接收线距与炮线距符合相关规定。

（二）地震激发与接收

高精度采集主要目的是提高分辨率，因此，在参数选取上应该更加关注有效频带的拓宽，选择药量时要考虑更宽的地震频带；激发井深也要适当，使药包顶部距潜水面的距离合适，获得较宽的频带。由于地表条件的变化，特别是野外采集的地震子波差异性非常大，尽管经过后续子波一致性处理的地震数据在一定程度上削弱了地表条件的影响，但同时对属性提取与煤层地质解释造成了不利影响。因此，高精度野外采集过程中必须采取有效的技术措施，保证野外采集的地震子波尽量在全工区具有最大化的一致性，为处理和解释提供高保真的野外原始数据。

野外采集中应该在单炮的定性、定量分析（能量、信噪比、频率）等常规分析方法的基础上，通过对相同激发介质条件下不同药型、药量、激发深度和不同激发介质激发的试验单炮目的层附近进行地震子波分析，并根据工区煤炭勘探的需要，在兼顾能量、频率和信噪比等因素的同时考虑全区子波一致性要求，通过激发参数的选取，最终实现区域地震子波最大化的一致性。在近地表条件变化较大时，还需要做低速带调查，据此设计井深。

1. 接收参数选择

检波器野外组合时，因为各个检波器所产生的动校正问题对高频成分造成了一定影响，其信号在野外组合时按一道进行输出，忽略了由于检波器彼此之间存在的这种时差导致各个检波器动校正量之间的差异，而是强行地进行叠加，这种做法无疑会降低资料的分辨率。所以，在检波器组合方式选择方面，在高分辨率地震勘探中，适宜采用小组合基距的组合方式，以减弱环境噪声和随机干扰。同时，小组合对静校正与动校正的影响较小，也利于高频保护，提高分辨率。

2. 数字检波器

在地震地质条件较好的地区，要大力提倡使用数字检波器接收，以提高地震资料的精度。地震检波器是野外数据采集过程中最为关键的采集前端装备，其性能及所采集的数据质量直接关系到地质效果而备受关注。当今，基于 MEMS 的数字传感器的发明，已经被视为陆地地震勘探技术的又一个重大进步。

从性能方面看，数字检波器的优点是宽带线性振幅和相位响应，频率响应范围在 0 ~ 800 赫兹，这个性能使记录 10 赫兹以下的频率成分不衰减，而常规模拟检波器在 10 赫兹以下的频率成分随频率降低而严重衰减。数字检波器具有大动态范围（>105 分贝）和低畸变 [0.003%（-91 分贝）]，而模拟检波器畸变达 0.03%（-71 分贝）。在实际情况下（包括强信号或噪声产生的畸变），MEMS 传感器的瞬时动态范围至少 90 分贝，优于单只的常规检波器（不超过 70 分贝，但可以通过使用检波器组合来改善）。这些在总的和瞬时动态范围方面的差别正好解释了为什么 MEMS 数字检波器更适宜记录强噪声背景下的弱信号（近炮检距），而常规检波器（或甚至多于一串检波器）更适宜记录有弱噪声背景的深层弱反射信号（远炮检距道）。MEMS 数字检波器的振幅校准能力及不随时间温度变化的稳定性优于常规检波器。总体上来说，MEMS 集成在电路板上的 1 分量（1C）和 3 分量（3C）数字检波器的性能好于连接到不同的检波器串上常规的电子元件的各种性能。

从上面分析可知，使用单个的数字检波器相对常规检波器组合有许多施工和地球物理方面的优点，放置和定位比常规检波器串更加容易，恰好这与 3C 接收点更加有关。记录是各向同性的（没有方位依从组合滤波），信号的高频成分不被组内静校正量衰减（特别是在横波采集中）。

在野外，数字检波器不能进行组合，为了压制环境噪声、防止产生空间假频，应采用更密集的空间采样和足够的覆盖次数，以降低环境噪声，并利于处理中对线性噪声的压制。因此，在用单个数字检波器记录时，不能期待得到更好的单炮记录。其优点（频率成分、精确的振幅）只能显示在数据处理后的最终地震剖面上。

综上所述，数字检波器适用噪声较弱、信噪比较高的地区，而在信噪比较低的地区宜采用模拟检波器、小面积组合，以压制环境噪声干扰，确保采集到的原始资料有一定的信噪比，保证室内资料处理时信噪分离的需要。

3. 地震观测系统

三维地震勘探对观测系统参数的要求，大致包括面元大小、最大炮检距、最小炮检距、纵横比、覆盖次数、接收线距、炮线距、观测方向、最大的最小炮检距、最小的最大炮检距以及观测系统类型（正交型、斜交型、砖墙型、锯齿型、面元细分型）等。观测系统参数的选择要依据工区不同的物性参数和地球物理模型进行论证，近年来，基于模型的观测系统设计技术在复杂勘探区域显得更为有效。在平原、丘陵区普遍采用宽方位角观测系统，采用的地震道普遍在千道左右。

在现代三维地震勘探中，由于野外炮点和检波点的不均匀布设，导致空间采样不规则而产生噪声。这些噪声是人为造成的，直接影响到成像的效果。这些噪声叫作"观测系统图痕迹"。为了减少成像中的痕迹，设计观测系统时应保证采样的均匀性。

（三）地震信号处理

野外地震记录包含着地下构造和岩性的信息，但这些信息是叠加在干扰背景上的，而且被一些外界因素所扭曲，信息之间往往是互相交织的。地震信号处理就是对野外地震记录进行一些运算，从中提取有关的地质信息，为地质解释提供可靠资料。

地震信号处理开始于 20 世纪 60 年代中期，当时只是简单地改造野外资料，其主要内容包括数字滤波、反褶积、动校正及其中心点叠加。到了 90 年代，三维地震资料处理得到了进一步的发展。进入 21 世纪，随着计算机计算能力的提高，偏移技术获得很大的提高，叠前时间偏移、叠前深度偏移成为现实，大大提高了地震资料的成像精度。层析静校正技术也获得了进一步发展，提高了复杂地区的静校正精度。煤炭地震资料处理中的主要环节包括以下 7 种。

1. 观测系统

地震道由道头和数据两部分组成，道头用来存放描述地震道特征的数据，如野外文件号、记录道号、CMP 号、CMP 点的坐标、偏移距、炮点和检波点的坐标和高程等。观测系统的定义就是赋予每个地震道正确的炮点坐标、检波点坐标，以及由此计算出的中心点坐标和面元序号，并将这些信息记录在地震道头上，以便于后续的处理。现在国际通用的是利用野外提供的 SPS 文件，处理软件直接把 SPS 文件加到地震数据的道头里面从而进行后续处理。

2. 预处理

预处理是指地震数据处理前的准备工作，是地震数据处理前重要的基础工作，主要包括数据解编、道编辑。数据解编就是把野外的时序记录转化为处理中应用的道序记录。不同的处理软件都有相应的解编程序，把野外数据转化成自己内部的格式。在野外采集中，由于各种因素的影响，可能存在大量的强振幅野值、不正常工作的道、不正常工作的炮、极性反转的道等，这些对后续的处理会产生很大的影响，因此要把它们都编辑掉，这个过程就称为道编辑。道编辑是地震数据噪声压制的重要环节。

3. 静校正

地震道的静校正时差与地震道的时间无关，它是一个常数。一个地震道对应一个炮点和一个检波点，因此某一地震道的静校正量应该是炮点校正量和检波点静校正量之和。炮点和检波点的静校正量是炮点和检波点空间位置的函数，可以分为低频分量和高频分量。高频分量的静校正量称为短波长静校正量；低频分量的静校正量称为长波长静校正量。短波长静校正量使得共中心点道集的同相轴能实现同相叠加，影响叠加效果；长波长静校正量对叠加效果的影响不是很明显，但容易产生构造假象，影响低幅构造的勘探。一般而言，地表一致性剩余静校正主要解决短波长静校正问题，而长波长静校正问题主要通过野外静校正和折射波静校正来解决，长波长静校正问题危害更大，解决更困难。

现在资料处理过程中常用的为折射波静校正。由于低速层的速度低于下覆地层的速度，因此地震记录上能够记录到来自高速层的折射波。一般情况下，折射波先于地下反射到达地表，通过拾取折射波的初至时间，从中提取低速层的速度和厚度等信息，利用这些信息所进行的静校正，通常称为折射波初至静校正。

近年来，层析反演静校正技术获得很大的发展。层析反演静校正就是通过拾取地震波初至，用地震波走时速度层析成像的方法反演出近地表速度模型，然后根据模型计算静校正量的静校正技术。层析反演静校正的研究对象是与表层结构有着密切联系的初至波，这里的初至波是广义的，包括直达波、回折波、折射波，以及几种波组合后首先到达地表的波。由于直达波主要体现了均匀介质模型，回折波主要体现连续介质模型，而折射波主要体现层状介质模型，因此，初至波在近地表地层的传播过程中包含了丰富的信息。通过三者的组合以及层析法对横向变化的适应性，使得该方法能够适应任意表层模型的反问题。

4. 反褶积

在反射波法地震勘探中，由震源产生的尖脉冲经过大地滤波作用后会变成具有一定延续时间的地震子波，降低了地震资料的分辨率。在地震资料处理中，要把地震子波压缩为一个反映反射系数的窄脉冲，这个过程叫反褶积。通过反褶积可以有效拓宽地震信号的频带，提高地震记录的分辨率。

5. 速度分析

地震波在地下岩层介质中的传播速度是地震资料处理和解释中非常重要的参数。通过速度分析，可以得到准确的速度参数，提高动校正、水平叠加、偏移成像的精度。在地震资料处理过程中，要想比较精确地求得速度，首先要进行速度扫描，求得初始速度；其次利用求得的速度作为初始的迭代速度，通过速度谱分析，求得较准确的速度；最后利用求得的速度作剩余静校正，用速度谱进行速度分析，多次迭代，求得准确的叠加速度。

当地震数据的偏移距较小、反射波的埋藏深度较大时，常规的速度分析可以保证动校正的精度；但当偏移距大到一定程度时，就会产生不可忽略的误差，表现为动校正过量，或中间下弯。在这种情况下，近年来发展了一种高阶速度分析技术，就是把动校正的公式由常规的二阶提高到四阶，可以很好地解决大偏移距的弯曲和畸变问题，提高了速度分析的精度。

6. 叠加

叠加就是将不同接收点接收到的地下同一反射点的不同激发点的地震道，经动校正叠加起来。这种方法能提高信噪比，改善地震记录的质量。主要方法有水平叠加、保持振幅叠加、DMO 叠加。水平叠加是建立在水平层状介质模型之上的，当地层具有倾角时，一方面，CMP 道集数据不对应地下界面同一反射点上的信息，动校正叠加后也不能形成真正的零炮检距记录；另一方面，当一个地震记录上同时接收到倾角不同的两个界面的反射信息时，由于动校正速度与倾角有关，而又只能选择一个速度，因此某个倾角的反射信息必然受到压制。为了克服水平叠加存在的问题，改善水平叠加的效果，发展了倾角时差校正（DMO）技术。DMO 技术是把动校正之后的数据，先偏移到零炮检距位置上，然后叠加。现在在资料处理中常用的为 DMO 叠加。

7. 偏移

地震偏移是一个反演过程，它将地震反射波和绕射波归位到产生它（们）的地下真实位置上，并恢复其波形和振幅特征。在 20 世纪 80 年代以前，地震偏移成像基本上是在叠后完成的。当地下构造复杂、横向速度变化剧烈时，叠后偏移已不能使地下构造正确成像，即使采用倾角时差校正（DMO，也称叠前部分时间偏移），也难以得到真正零炮检距剖面。而叠前偏移不受水平层状介质、自激自收的零炮检距剖面等假设限制，比叠后偏移技术更适应实际资料的复杂情况，所以，只有叠前偏移技术才能更好地适应复杂构造成像。

叠前偏移处理技术利用叠前道集，使用均方根速度场将各个地震数据道偏移到真实的反射点位置，形成共反射点道集并进行叠加，提高了偏移成像精度。叠前时间偏移方法自身迭代过程也使最终得到的速度场精度比叠后时间偏移方法高，从而有利于提高构造解释成图精度。

（四）精细构造解释

20 世纪 90 年代初，随着煤矿采区三维地震工作的开展，利用地震资料已能查明、控制落差大于或等于 5 米的断层，其验证符合率在地震地质条件较好的地区可达 85% 以上，在条件一般的地区达到 75% 以上。同时，落差 3~5 米的断层在地震地质条件较好的地区，验证符合率也达到了 50% 左右。这些构造问题的解决，为煤矿高产高效、安全生产提供了有力的地质保障。

在地震资料解释过程中，要想提高构造的落实程度，首先要对该区的断裂系统有一个正确的认识，并用地质观点指导地震资料解释。地震资料的精细构造解释不仅依赖于高分辨率、高密度、高精度三维地震数据，而且依赖于近年在解释中广泛应用的地震属性技术、相干体 C3 技术、谱分解技术、分频相干技术、地震层位曲率计算技术、裂缝预测技术和三维可视化技术，为煤矿三维地震资料解释提供了快捷准确的解释手段。

三维地震属性是指把三维地震数据进行适当的数学变换，使其能够突出感兴趣的地质现象。目前，在地震数据中提取的属性有上百种，通常应用的属性也有 50 多种。在煤矿三维地震勘探精细构造解释中常用的属性包括：方差、相干、三瞬属性、倾角属性、方位角属性、断棱属性、走向属性、落差属性。

在煤矿三维地震精细构造解释中发展应用的另一技术是三维可视化技术。三维可视化可以将构造解释的成果及测井、地表、断层等各种地学信息集中在一个三维环境中显示，具有立体雕刻、动画显示等可视化功能，可以更好地观察数据、揭示隐伏地质特征和验证解释结果。

三、地震方法的特殊应用

（一）地震在煤层气勘探中的应用

现在，煤层气已经成为能源行业的重要组成部分。

煤层气及其储层具有双相赋存、双相孔隙、双相运移和双向流动的特征。由于这些特征，煤层气是局部富集、局部高产的。富集主要与微孔隙的发育有关，而高产主要与节理、裂隙、微裂隙有关。与常规天然气勘探比较，煤层气更需要 AVO 等直接碳氢检测方法，以确定高产富集的部位。对于常规天然气勘探开发，使用地震资料特别是三维地震资料，通过精细构造解释，获得对油气圈闭的正确描述，能够有效地提高钻井成功率。对于煤层气勘探开发，尽管地震构造解释仍然是重要的和基础性的工作，但是其效用已经有重大变化，需要引入新的技术方法以提高煤层气勘探开发钻井成功率。也就是说，相对于天然气在圈闭顶部均匀富集的特性，经过 10 多年的研究，我们发现煤层气煤层中局部富集高产的特性使得煤层气勘探开发更需要 AVO 等直接预测技术，利用实验室测定成果、煤层气测井、地震资料 AVO 叠前反演技术，综合圈定出煤层气地震预测富集区是目前可行的技术手段。

（二）煤炭地下气化地震勘探

三维地震应用于地下煤气化主要解决的地质问题，包括地下气化煤层的精细构造及煤层赋存状态，以及在地下煤气化后燃烧的范围、气化燃烧热力影响边界、形态、方向及气化区冒落带的发展高度、气化煤层裂隙发育及分布等阻碍地下煤气化高效产气的地质因素，可见煤炭地下气化地震勘探比常规煤炭三维地震有更高的勘探要求。例如，在某煤矿基于高密度三维地震勘探数据的基础上，采用高密度三维地震勘探属性技术及地质成因正反演技术的融合，从多参数层面地震属性、体属性提取入手，研究地下煤气化所产生的地质情况变化（地下煤气化燃空区、气化热前沿带、气化燃空区冒落高度）；基于三维地震层面属性、地质成因正反演法研究煤层裂隙发育，精细揭示出地下煤气化燃烧范围，气化燃烧热力影响破坏范围、形态、方向及气化区冒落带的发展高度，煤层裂隙发育特征、分布等，其成果为煤炭地下气化提供了有力的地质保障。

（三）煤层顶底板岩体物理力学参数的地震估算

地震波在不同岩性地层中传播的速度称为层速度。无论纵波或横波，在它们地层中传播的速度决定于岩石的弹性常数和密度，既是时间与深度之间建立联系的纽带，也是研究人员探寻地质体地球物理特征的一种手段。

通过对煤层及其顶底板岩层层速度的反演分析，获得矿区煤层及其顶底板岩层层速度的分布；根据预先建立的纵波速度与横波速度之间的转换关系，获得横波速度；根据预先建立的纵波速度与煤储层岩石密度之间的转换关系，获得煤储层岩石密度；根据纵波速度、横波速度、密度以及预先建立的声波速度与煤层物性参数之间的转换关系，获得包含煤系岩石动弹性力学参数在内的煤层物性参数；根据预先建立的煤系岩石动弹性力学参数与静弹性力学参数之间的转换关系，获得静弹性力学参数。

第三节　煤层气勘查与开发技术

一、煤层气地质评价

（一）评价的主要内容

1. 地质背景

（1）层序地层学研究

层序地层学研究是通过地质、测井和地震资料对含煤岩系的地层层序、沉积环境进行详细研究，识别和划分出层序、副层序和体系域。层序地层学研究的目的是提供精细的煤岩层对比，查明煤层形成的控制因素和时空展布规律。

（2）构造地质学研究

构造作用控制沉积环境、局部气候和生物的分区，因此直接或间接地控制着煤层气的形成与聚集，是煤层气赋存和产出的主控因素。研究主要包括地层的产状，断层的性质、位置、大小、产状、封闭性和形成时期，褶皱形态、产状和形成时期，裂缝系统如节理、割理等的特征，煤体结构类型及其空间展布规律。现代构造应力场的方向和大小与煤层气储层的关系密切。如果现代构造应力场最大主应力方向与裂隙的走向一致，则该方向的渗透率最高；如果垂直，则渗透率急剧降低。

（3）水文地质研究

与常规油气开发不同的是煤层气的开发必须首先排水降压，因此，查明地下水的赋存状态和分布规律直接影响到煤层气开发成功与否。水文地质学的研究包括含水层的分布与含水性、地下水的补给情况及其压力分布、水的矿化度及其水化学特征等。地下水的运移对煤层气的赋存存在两方面作用，一是水力运移造成煤层气逸散，最常见的是导水性断层的存在沟通了煤层与含水层，造成煤层气的散失；二是地下水的运移可以造成煤层气的富集与封堵。

（4）其他研究

有沉积演化史、埋藏史、构造演化史（包括煤的热演化史）与火成岩的影响等。

总之，区域地质背景研究是一项涉及多学科、多手段的综合性研究，旨在查明煤层气的生成、赋存、运移、产出的控制因素，从而优选出有前景的勘探区带。

2．储层描述

（1）煤的吸附特征

一般采用兰氏方程描述煤的吸附特征，通过吸附等温线和兰氏体积、兰氏压力、临界解吸压力、含气饱和度等参数对其进行描述。

（2）孔隙特征

由孔隙度、孔隙体积压缩系数、孔隙结构等参数描述。

（3）储层压力和温度

储层压力和温度是控制煤层气运移和产出的重要参数，通常由试井获得。

（4）储层数值模拟

储层数值模拟是运用煤层气储层模拟软件，模拟原始状态下气水在煤层内的运移和产出状态、全面了解储层性质和开发动态的一种技术，包括历史匹配、敏感性分析、产量预测三个方面的内容。

（二）地质评价的内容和原则

1．区域地质评价的内容

（1）资料收集与野外调研

对研究的含煤盆地或含煤区已有的实际资料进行全面收集，主要包括基础地质资料、煤资源量资料、气资源量资料和储层特性资料4个方面。野外调研包括露头及井下地质剖面的实际观测和取样。

（2）室内资料整理和分析

从收集到的和实测的各方面资料中提取出有用的地质参数，建立符合研究区实际情况的预测评价模型，即各种评价参数的适用性、评价原则、评价标准等。

（3）初步评价

根据已经建立的评价模型，进行全面的煤层气开发潜力评价，优选出煤层气勘探开发区的有利远景区。

（4）前景勘探区的确定

通过各种图件（煤厚等值线图、含气量等值线图、煤级图、埋深图等）分析，从远景区中优选出有利区块，供进一步勘探。

2．评价原则

（1）煤层厚度与含气量

煤层越厚，层数越多，含气量越高，越有利于煤层气的勘探开发。

（2）裂隙发育情况

裂隙发育情况决定了渗透率的高低，发育完好的裂隙、割理系统预示着渗透性好。以原生结构煤与碎裂煤的渗透性最好。

（3）后期构造作用

后期构造作用越强烈，煤体结构破坏越严重，越不利于煤层气勘探开发。

（三）勘探阶段地质评价

在区域地质评价提供的远景区块布置探井，通过钻井测试作业得出更为可靠的储层参数。根据这些参数对探区进行勘探阶段的地质评价，进一步认识探区内煤层气的开发潜力，优选出最佳区块。

（四）初期开发试验阶段地质评价

与常规油气不同，经过上述两个阶段的评价，还不能充分认识煤层气的开发潜力，必须进行正式开发前的小规模试验性开发，即初期开发试验。该阶段是在最有利区块内部进行小井网试验性开发作业，因此初期开发试验阶段的主要任务为：通过长期连续的排采作业，建立气水产量与压力、时间关系剖面；形成井间干扰，了解储层的渗透性以及渗透率的各向异性；由储层模拟技术进行井距、完井方式的优化分析；经济分析。

随着开发井的完成以及试生产，更多的更全面的评价参数使得对储层以及储层内流体的认识越来越深入。因此，初期开发试验阶段的地质评价已不再是区域评价阶段的有利区块选择和勘探阶段的储层精细描述，而是产能的预测。主要评价参数是煤层气井经过强化处理后获得的产出速率。产出速率的评价标准因受煤层气市场价格、工艺水平和生产成本的限制，不同国家、不同地区不尽相同。

二、煤层气钻井

（一）确定井类

煤层气开发活动中使用了三种类型的钻井方式，即采空区钻井、水平钻井和垂直钻井。

采空区钻井是从采空区上方由地面钻入煤层采空区。采空区顶板因巷道支架前移而塌落，产生的裂缝使气体从井中排出。如果采空区附近还有煤层并和采空区相连通，则气体产出量增大。从采空区采出的气体因混有空气往往使热值降低。水平钻井有两种类型，一种是从煤矿巷道打的水平排气井，主要和煤矿瓦斯抽放有关。另一种是从地面先打直井再造斜，沿煤层水平钻进（排泄孔），其目的是替代垂直井的水力压裂强化。

如果煤层出现渗透率各向异性，打定向排泄孔可以获得较高产量。该方法适于厚度大于 1.5 米的煤层，但成本较高。垂直井是目前用于煤层气开采的主要钻井类型，它直接从地面钻入未开采的煤储层。依据钻井目的不同，可将其分为 4 种类型，即取心资料井、测试试验井、生产井和观测井。在新勘探区，为建立地质剖面、掌握煤层及围岩的地质资料、估算资源量，就必须布置取心井，采取岩心和煤心样进行化验分析。特别是煤层顶底板附近的岩心，应了解其力学性质及封闭性能，同时采集煤心样进行含气量、渗透率测定以及常规工业分析、煤岩分析等。煤心样对于了解煤层深度、厚度、吸附气体含量、吸附等温线的测定以及解吸时间的确定等至关重要。为了满足煤心含气量测试的要求，常常采用绳索半合式取心装置，以缩短取心和装罐时间，减少气体散失。

对于选定的试验区，要进一步了解围岩的地应力和煤层的渗透性，掌握煤层的延伸压力（岩石扩张裂隙的最小应力）、闭合压力（岩石的最小水平应力）和小型压裂压力，选择压裂方向，进行压裂设计，就需要有试验井。由于地应力测试是在裸眼井条件下进行，所以试验井的钻井必须保证井壁的稳定性，防止煤层有较大的扩径。为此，应采用平衡钻井工艺。

为开采煤层气，就必须打生产井。生产井的主要问题是稳定产层，减少储层污染伤害。因此，在生产井钻进时，应严格操作标准，采用平衡—欠平衡钻井工艺，使用低 pH 值（pH 在 5.5~7.5）的非活性泥浆，或采用雾化空气钻进、地层水钻进，尽量减少对煤的基质和矿物成分的影响，确保煤层割理（或裂隙）系统的清洁、畅通。

在生产开发区，为获取储层参数、掌握煤层气井的生产动态，还需要设置观测井，这类井常采用平衡钻井工艺和稳定的裸眼完井技术。

煤层气井的井孔设计应尽可能相互兼顾，做到一井多用，以降低费用。

（二）钻井设计

在尽可能多地获得地层和储层参数并加以分析后，就可以进行钻井的设计工作。钻井设计很大程度上决定了所用钻井、完井、生产工艺类型以及所需的设备。

钻井设计应包括钻井地质设计、钻井工程设计、钻井施工进度设计和钻井成本预算设计 4 个部分。设计的基本原则是：

第一，钻井地质设计要明确提出设计依据、钻探目的、设计井深、目的层、完钻层位及原则、完井方法、所取资料要求、井深质量、产层套管尺寸及强度要求、阻流环位置及固井水泥上返高度等。

第二，钻井地质设计要为钻井工程设计提供邻区、邻井资料，设计地层水、气及岩石物性、设计地层剖面、地层倾角及故障提示等资料。

第三，钻井工程设计必须以钻井地质设计为依据，有利于取全、取准各项地质工程资料；保护煤层，降低对煤层的损害；保证井身质量；为后期作业提供良好的井筒条件。

第四，钻井工程设计应根据钻井地质设计的钻井深度和施工中的最大负荷，合理选择钻机，所选钻机不得超过其最大负荷能力的 80%。

第五，钻井工程设计要根据钻井地质设计提供的邻井、邻区试气压力资料，设计钻井液密度、水泥浆密度和套管程序。

第六，钻井工程设计必须提出安全措施和环境保护要求。

（三）钻井

1. 煤层气井的钻进方式

煤层气井的钻进方式一般有两种，即普通回转钻进和冲击回转钻进。

钻进方式的选择主要取决于煤层的最大埋深地层组合、地层压力和井壁稳定性。对于松软的冲积层和软岩层，可采用刮刀钻头；中硬和硬岩层更适于用牙轮钻头。

一般来说，浅煤层钻井地层压力一般较低（小于或等于正常压力），宜选用冲击回转钻进，用清水、空气或雾化空气作循环介质。这一方法钻进效率高，使用非泥浆体系的欠平衡钻进工艺也减少了泥浆滤液对储层的伤害。当钻遇裂隙发育并产生大量水的地层使用冲击钻头时，以空气和流体混合交替方式钻进往往是最经济、有效的方法，并且对井孔的损害最小。深煤层钻井由于地层压力一般较高（大于正常压力），井壁稳定性较差，因此使用水基泥浆体系的普通回转钻进工艺，以实现平衡压力的目的。当使用泥浆钻进时，应特别注意尽量降低对煤层井段的地层伤害，因为煤中裂隙一般都发育完善，即使采用平衡钻进，也会引起少量滤液进入煤层。

在某些超压区进行钻进时，为确保井壁稳定性和钻井安全问题，常常使用微超平衡水基钻井液。

2. 煤层气井的钻井参数

在煤层段钻井，应采用"三低钻井参数"，即低钻压、低转速、低排量。根据所钻煤层的特殊情况，一般选取钻压为 30～50 千牛，转速为 50～70 转/分，泵排量为 15～20 升/秒。

在非煤层段钻井时，可根据实际情况增大钻压、转速和泵排量，快速钻进，提高机械转速，缩短钻井时间。可参照常规油气井确定的钻井参数钻井。

（四）取心

煤层气井的取心作业往往是获得详细的地层描述和储层特性的最直接、最可靠的方法。煤层气储层评价中，许多重要的储层参数都来源于取心样品的分析、测定，如煤中割理、煤质、含气量、吸附等温线、解吸时间、孔隙度等。因此，取准、取全第一手资料是煤层气储层评价的关键。具体地说，煤层气井的取心目的是为下述作业服务的，即如测定煤层气含量，测定煤的吸附等温线，割理、裂隙描述及方向测定。这些数据是预测储层条件下流体扩散、渗透趋向等所必需的，其中，割理或裂隙的方向是设计布井方向和射孔或割缝方向的重要依据。

三、煤层气测井

（一）煤层气地层评价的测井资料

测井是指井中的一种特殊测量，这种测量作为井深的函数被记录下来。它常常指作为井深函数的一种或多种物理特性的测量，然后从这些物理特性中推断出岩石特性，从而获得井下地质信息。但是，测井结果也并非仅限于岩石特性的测量，其他类型的测井实例尚有泥浆、水泥固结质量、套管侵蚀等。

测井一般可分为借助电缆传输进入井内仪器获得信息的电缆测井和无电缆测井，如泥浆测井（钻井泥浆特性）、钻井时间测井（钻头钻进速率）等。在煤层气工业中，要评价煤层的产气潜力，应首先了解煤的储层特性和力学特性，这些特性的获得主要有三种途径：钻取煤心作室内测试、利用测井进行数据分析、进行试井。

煤心、测井和试井数据的综合运用，可以增加数据可靠性，提高资源评价精度。煤层厚度、煤质（工业分析）、吸附等温线、含气量和渗透率对以储层模拟为基础的产量预测有重大影响。取自煤心的分析通常用来确定吸附等温线、含气量和煤质，测井数据用来确定煤层厚度；确定煤层渗透率的最可靠的方法则是通过试井作业的试验数据分析。这些方法通常被看作是确定储层特性的基础或依据准则。但是，由于某些煤心和试井带来的误差，煤心测试程序缺乏标准化，特别是取心和试井费用昂贵。人们希望能有一种确定每个储层特性的替代方法，通过这种替代方法测定关键储层的特性，并校正那些不一致的或错误的试验数据。目前，测井作业被认为是最具前途的一种手段。一旦用煤心数据标定了测井记录数据，技术人员就可以单独利用测井记录数据精确估计补充井的储层特性。

（二）从测井资料获得的储层特性

1. 含气量

含气量是指煤中实际储存的气体含量，通常以立方米/吨来表示，它与实验室测得的吸附等温线确定的含气量不同，煤的实际含气量通常包括三个分离的部分：逸散气、解吸气和残余气。目前，实际含气量往往通过现场容器解吸试验测得，精确确定含气量需要采用保压岩心。

由于煤心灰分与含气量有关，亦与密度测井数据有关，因此有可能根据高分辨整体密度测井资料精确估算含气量，并推断灰分产率为多少时预测的含气量可忽略不计。

用测井数据合理估计煤中含气量需要满足以下三个条件：由测井数据导出的等温线是正确的（包括水分、灰分和温度校正），煤被气体饱和，温度和压力可以准确估计。

2. 吸附等温线

如前所述，煤中气体主要储存于煤基质的微孔隙中，这与常规油气储层中观察到的孔隙截然不同。煤中孔隙更小，要使气体产出，气体必须从基质中扩散出来，进入割理到达井筒。气体从孔隙中迁出的过程称为解吸，按照气体解吸特性描述的煤的响应性曲线称为吸附等温线。目前，吸附等温线是根据单位质量的煤样在储层温度下，储层压力变化与吸附或解吸气体体积关系的实验数据而绘制的曲线，压力逐渐增加的程序称为吸附等温线，压力逐渐降低的程序称为解吸等温线。在没有实验误差的条件下，这两种等温线是相同的。

等温线用于储层模拟的输入量，采用两个常数组，即兰氏体积和压力。由于缺乏工业标准，许多已有的等温线数据出现不一致现象，而且在许多情况下不适合用于储层模拟。不同水分和温度条件会导致煤心测定的等温线有较大的波动，煤层吸附气体的能力随水分含量的增加而降低，直至达到临界水分含量为止；温度对煤吸附气体能力的影响在许多文献中已有报道，温度增加会降低煤对气体的吸附能力。因此，强调用煤心测定等温线时，必须将温度严格限定于储层温度下，避免因温度波动引起的数据误差。

测井数据能帮助解释用煤心确定的吸附等温线精度。现在已导出了用测井数据估计干燥基煤的吸附等温线的一般关系式——兰氏方程，在该方程中由固定碳与挥发分的比率导出兰氏常数，并按温度和水分加以校正。

实践证明，以测井数据为基础的煤的等温线估计，对确认煤心等温线测试结果和解决，因取样或实验不一致而造成的煤心等温线数据中的误差极为有用。但是，由于研究程度有限，加上水分和温度估计中的误差，对以测井数据为基准的等温线计算有很大影响，所以，目前尚不能确信测井数据能够独立应用于等温线确定，确认这项技术的准确性，还需要有更多的数据组做进一步研究。

3. 渗透率

试井是确定渗透率的最准确方法，但试井费用很高（一次 7000 美元～15000 美元），若为多煤层则成本更高。这一方法在处理多煤层、两相流和气体解吸时还易受推断的影响。现已证明，自然电位、微电阻率和电阻率曲线的测井数据可用于估算煤层渗透率。

一种用测井数据确定裂隙渗透率变化的方法更适用于常规储层裂隙。煤层渗透率取决于煤的裂隙系统，它占煤体孔隙度的绝大部分。裂隙孔隙度是裂隙频率、裂隙分布和孔径大小的组合，因此，裂隙孔隙度直接与煤的绝对渗透率有关，它是渗透率量级的决定性因素，也是控制煤层气产率、采收率、生产年限以及设计煤层气采收计划的主要因素。双侧向测井（DLL）对裂隙系统的响应为渗透率的确定提供了依据。

确定煤层渗透率变化的另一种方法是依靠微电极测井，微电极测井历来用于识别常规储层中的渗透性岩层。微电极测井仪是一种要求与井壁接触的极板式电阻率仪，微电极仪记录微电位电阻率（探测深度 10.2 厘米）和微梯度电阻率（探测深度 3.8 厘米），微电极测井的多种探测深度使这种设备可用于渗透率指示仪。随钻井泥浆侵入渗透性岩层，在入口前方形成泥饼，泥饼对浅探测微梯度电阻率影响比深探测微电位电阻率影响要大，这种泥饼效应引起两种电阻率测值的差异，进而表明渗透性岩层的存在。尽管微电极测井也常常作为煤层渗透率指标，但由于在不同钻井中泥浆特性和泥浆侵入程度有变化，所以微电极测井的定量解释是困难的。目前，煤中裂隙定量评价的唯一方法仍是使用 DLL 测井技术来实现。

（三）测井资料的计算机模拟

某些煤特性必须用测井资料通过计算机模拟得出，因为不同测井设备对煤的响应程度不同，且随煤特性不同而有所变化。因此，很难利用各类测井仪器响应同时界定或识别某些煤特性。有了计算机这一技术，特殊煤特性可由测井响应加以推断而无须测定。例如，当某种测井记录出现特定数据组时，可能显示灰分存在。类似的测井技术（不同测井系列）还可用于确定煤阶，识别常见矿物，如方解石，它常常沉积于煤的割理之中，是一种重要矿物，可作为割理的指示矿物之一。含气量、煤阶、灰分产率、矿化带等和测井响应之间的关系，可通过计算机模拟来实现。计算机模拟的第一阶段是利用测井响应推断煤岩成分、灰分百分比、灰成分、矿化物和煤阶。目前，已建立的计算机模型中采用的煤岩组分是镜质组、类脂组和惰性组。然后，将这些参数与附加的测井响应一起用于模拟的第二阶段，进行含气量和割理指数推断。含气量与灰分产率关系密切，且与煤阶有关，割理的存在可通过识别方解石、煤阶、某种煤岩组分、灰分产率进行推断。近期证据表明，薄煤层或灰分层增加了割理存在的可能性，因此必要时可使用计算机增强的高分辨处理。

计算机模拟的第三阶段是融合含气量、割理指数推断产量指数。尽管预测每个煤层的绝对产率非常困难，但在同一井内预测每一煤层与其他煤层相比时的相对产量指数，对完井决策很有价值。具有最大潜力的煤层是完井的首选对象，而其余煤层可作为第二阶段的生产计划。

另外，计算机模拟还能提供一种被称为自由水的曲线，这种曲线对预测初始水产率十分有用。为推迟水产量，可让相对无水的煤层首先生产。

计算机模拟的优点是，可以观察到某种煤特性（一定区域内）与某种测井响应之间有良好的相关性，这为在减少所需测井设备数量的同时，能最大限度地获得有价值的煤层信息奠定了基础。更为先进的测井程序仅用于那些与质量控制有关的关键井孔。

四、完井、固井与试井

（一）完井目的

煤层和砂岩储层的最大区别是气体存储和产出机理不同。对常规砂岩储层，气体存储在孔隙空间，通过孔隙和孔隙喉道流入水力裂缝和井筒。对煤储层，大多数气体吸附在煤表面，为了采出这些气体，必须降低储层压力，使气体从煤基质中解吸、扩散进入煤层的割理系统。然后，气体通过煤层割理系统进入水力裂缝和井筒。因此，煤层气井常常需要独特的完井技术和强化措施，以便在井筒和储层间建立有效的联络通道，使煤层内部的气体解吸并流向井筒，以获取工业性产气量。煤层气井完井方法的选择、效果的好坏直接影响到煤层气的后期排采。

煤层气井的完井目的有以下 5 点：

第一，使井筒与煤中裂隙系统相连通。这种连通常用裸眼完井、套管射孔或割缝来实现，且往往要进行强化处理。

第二，为储层强化提供控制。在进行多煤层完井时，必须选择一种能够控制各单煤层强化作业的完井方法。

第三，降低钻井污染，提高产气量。钻井作业产生的钻井污染可导致近井地带气、水流动受到限制。为连通钻井与原始储层，必须消除这种流动限制，通过消除或绕过污染可以克服钻井污染问题。

第四，防止井壁坍塌，封堵出水地层，保障煤层气井的采气作业和长期生产。

第五，降低成本。为确保煤层气井的经济开发，必须严格控制完井成本，使用相对低廉的完井方法。在设计完井工艺时，必须选择那些不会限制多煤层产气量的套管尺寸。

（二）完井方法

煤层气井的完井方法由常规油气井的完井实践演化而来。尽管地层类型不同，但应用了许多相似的储层工程原理，有些常规技术可以直接利用，而有些技术则需改进，以适应煤储层的独特性能。

煤层气井完井通常应考虑的储层因素包括：

第一，储层强化过程中的高注入压力。这种高注入压力常常由煤层特性所造成，如井筒附近复杂裂缝网络的产生、可能堵塞裂缝段的煤粉的生成、多孔弹性效应、裂缝尖端的滑脱等。

第二，煤粉的生成。煤粉流入井筒可导致井筒和地面设备严重受损或管道堵塞。水力压裂则有助于控制煤粉的产生。

第三，煤层裂隙系统必须与井筒有效连通，以便气体产出。

第四，采气前必须对煤层进行排水降压。许多情况下，煤的裂隙系统饱含大量的水，为使气体解吸并流动，必须排水以降低储层压力。

第五，在最小井底压力下生产，以使气体解吸量最大。

第六，对某一煤组，选择单煤层完井还是多煤层完井。

第七，煤层通常遇到较低的弹性模量。

第八，时常遇到复杂的水力裂缝。

（三）试井

试井是煤层气储藏工程的主要手段之一，是煤层气井生产潜能和经济可行性评价的重要途径。通过试井可获得以下资料：储层压力、渗透率、井筒污染、井筒储集、孔隙度和压缩系数的积（储存系数）以及压裂井裂缝长度和裂缝导流能力估算等。其中储层压力和渗透率是关键参数，前者影响到煤层气的吸附与解吸，后者影响到煤层气的运移和产出。

试井是以渗流理论为基础的一种技术。根据渗流理论可将储层内流体的渗流区分为三种流态：稳态、准稳态和非稳态。稳态是指储层内任一部位的流体压力不随时间和累计产量的变化而变化；准稳态是指储层内流体压力随时间和流体产量呈线性变化；非稳态是指流体压力随时间和产量呈非线性变化。显然，实际储层不可能出现稳态流，但稳态流奠定了线性渗流定律——达西定律的基础，所有试井分析都建立在这一基础之上。

五、煤层气生产技术

（一）煤层气生产的特点

1. 煤层气的地下运移

煤层气主要以吸附状态存在于煤基质的微孔隙中，其产出过程包括从煤基质孔隙的表面解吸、通过基质和微孔隙扩散到裂隙中、以达西流方式通过裂隙流向井筒运移三个阶段。上述过程发生的前提条件是煤储层压力必须低于气体的临界解吸压力。在煤层气生产中，该条件是通过排水降压来实现的。因此，在实际的煤层气生产井中，气体是与水共同产出的，煤层流体的运移可分为单相流阶段、非饱和单相流阶段及两相流阶段。

2. 产气量的变化规律

煤层流体的运移规律决定了煤层气的生产特点。典型的煤层气生产井的气、水产量变化曲线可分成如下三个阶段。

（1）排水降压阶段

排水作业使井筒水柱压力下降，若这一压力低于临界解吸压力后继续排水，气饱和度将逐渐升高、相对渗透率增高、产量开始增加；水相对渗透率相应下降，产量相应降低。在储层条件相同的情况下，这一阶段所需的时间取决于排水的速度。

（2）稳定生产阶段

继续排水作业，煤层气处于最佳的解吸状态，气产量相对稳定而水产量下降，出现高峰产气期。产气量取决于含气量、储层压力和等温吸附的关系。产气速率受控于储层特性。产气量达到高峰的时间一般随着煤层渗透率的降低和井孔间距的增加而增加。在黑勇士盆地，许多生产井的产气高峰出现在 3 年或更长的时间之后。

（3）气产量下降阶段

随着煤内表面煤层气吸附量的减少，尽管排水作业继续进行，气和水产量都不断下降，直至产出少量的气和微量的水。这一阶段延续的时间较长，可达 10 年以上。

可见，在煤层气生产的全过程都需要进行排水作业，这样不仅降低了储层压力，同时也降低了储层中水饱和度，增加了气体的相对渗透率，从而增加了解吸气体通过煤层裂隙系统向井筒运移的能力，有助于提高产气量。

气体在煤储层中的解吸量与煤储层压力有关。因此，为了最大限度地回收资源，增加煤层气产量，生产系统的设计应能保证在低压下产气。

（二）煤层气生产工艺特点

1. 生产布局

煤层气开发的生产布局与常规油气有较大差异。当煤层气开发选区确定以后，在钻井之前，就应进行地面设施的系统设计与布局。在确定井径、地面设施与井筒的位置关系时，应综合考虑地质条件、储层特征、地形及环境条件等因素。一个煤层气采区包括生产井、气体集输管路、气水分离器、气体压缩器、气体脱水器、流体监测系统、水处理设施、公路、办公及生活设施等，该系统中各部分密切配合，才会使得煤层气生产顺利进行。

2. 井筒结构

煤层气开发的成功始自井底，一般井筒应钻至最低产层之下，以产生一个口袋，使得产出水在排出地面之前在此口袋内汇集。

煤层气生产井的结构是将油管置于套管之内，这种构型是由常规油气生产井演化而来的。这种设计还可使气、水在井筒中初步分离，从而减少地面气、水分离器的数量，并可降低井筒内流体的上返压力。一般情况下，产出水通过内径为 10 毫米或 20 毫米的油管泵送至地面，气体则自油管与套管的环形间隙产出。在黑勇士盆地，套管直径通常为 115 毫米或 140 毫米，而在圣胡安盆地，通常为 180 毫米或 200 毫米。

除排水产气外，井筒的设计还应尽量降低固体物质（如煤屑、细砂等）的排出量。井底口袋可用于收集固体碎屑，使其进入水泵或地面设备的数量降至最低。在泵的入口处，可安装滤网，减少进入生产系统中的碎屑物质。另外，在操作过程中，缓慢改变井口压力，也有利于套管与油管环形间隙的清洁，降低碎屑物质的迁移。

第四章
煤炭资源开发之煤炭开采方法

第一节　采煤方法与采煤工艺

一、采煤方法概述

（一）基本概念

1. 采煤工作面

煤矿开拓和掘进必需的巷道后，形成进行采煤作业的场所，称为采煤工作面，又称"回采工作面"。

2. 开切眼

沿采煤工作面始采线掘进用以安装采煤设备的巷道，称为开切眼。开切眼是连接区段运输平巷和回风平巷的巷道，其断面形状多为矩形。

3. 采空区

随着采煤工作面从开切眼开始向前推进，被采空的空间越来越大，而采煤工作面通常只需维护一定的工作空间进行采煤作业，多余的部分要依次废弃，采煤后废弃的空间称为采空区，又称"老塘"。

4. 采煤工艺

采煤工作面内各工序所用方法、设备及其在时间和空间上的配合方式，称为采煤工艺或回采工艺。在一定时间内，按照一定顺序完成回采工作各项工序的过程，称为回采工艺过程。回采工艺过程包括破煤、装煤、运煤、支护和采空区处理等主要工序。

5. 采煤系统

采煤系统是指采区内的巷道布置方式、掘进和回采工作的安排顺序，以及由此建立的采区运输、通风、供电、排水等生产系统。其中包括为形成完整采煤系统需要掘进的一系列的准备巷道和回采巷道，以及需要安设的设备和设置的设施等。

6. 采煤方法

采煤方法是采煤工艺和巷道布置在时间、空间上的相互配合方式。根据不同的矿山地质及开采技术条件，可由不同的采煤工艺和巷道布置相配合，从而构成多种采煤方法。

（二）采煤方法分类

我国煤炭资源分布广，赋存条件各异，开采地质条件复杂多样，形成多样化的采煤方法。

煤炭开采方法总体上可分为露天开采和地下开采两种方式。

露天开采是煤层上覆岩层厚度不大，直接剥离煤层上覆岩层后进行煤炭开采的采煤方法；地下开采是从地面开掘井筒（硐）到地下，通过在地下煤岩层中开掘井巷，布置采场采出煤炭的开采方式。我国的煤炭资源主要采用地下开采的方法，其采煤方法种类很多，通常按采场布置特征不同，将采煤方法分为壁式体系和柱式体系两大类。

1. 按巷道系统构成情况分类

（1）壁式体系采煤法

壁式体系采煤法以具有较长的工作面长度为其基本特征，一般为100~300米。每个工作面两端必须有一个安全出口，一端出口为回风巷，用来回风及运送材料；另一端出口为运输巷，用来进风及运煤。在工作面内安设有采煤机械设备和支架，随着煤炭被采出，工作面不断向前移动，并始终保持一条直线。

壁式体系采煤法可以保证新鲜风流畅通，机械操作方便，工作安全可靠，工作面生产能力高，工作面的煤炭采出率高。

壁式采煤法根据煤层厚度不同，可分为整层开采与分层开采。若一次开采煤层全厚时，称单一长壁式采煤法；将厚煤层划分为若干分层后依次开采时，称分层长壁式采煤法。根据采煤工作面长度以及矿压显现特征的不同，又分为长壁式采煤法和短壁式采煤法两种。若长壁工作面沿煤层倾向布置、沿走向方向推进的称为走向长壁采煤法；若长壁工作面沿煤层走向布置、沿倾斜方向推进的称为倾斜长壁采煤法。工作面向上推进时叫仰斜开采，工作面向下推进时叫俯斜开采，工作面还可以沿伪倾斜布置。

（2）柱式体系采煤法

柱式体系采煤方法可分为房式、房柱式及巷柱式三种类型。房式及房柱式采煤的实质是在煤层中开掘一系列煤房，煤房之间以联络巷相通。回采在煤房中进行，煤柱可留下不采或等煤房采完后再采。如果先采煤房，后回收煤柱（或部分回收煤柱），称为房柱式采煤法；若只采煤房，不回收煤柱，则称为房式采煤法。

巷柱式采煤法是在采区内开掘大量巷道，将煤层切割成 6 米×6 米～20 米×20 米的方形煤柱，然后有计划地回采这些煤柱，采空处的顶板任其自行垮落。

柱式采煤方法需要掘进大量的煤巷，采煤工作面不支护或极少支护，与壁式采煤方法相比，巷道掘进率高、产煤量少、劳动生产率低、通风条件差、安全条件差、煤炭损失多。

2. 按采煤工艺方式分类

（1）炮采法

回采工作面采用爆破落煤、人工（或机械）装煤、输送机运煤、摩擦式金属支柱（或木支柱、单体液压支柱）支护顶板、冒落（或充填）法处理采空区时，以爆破落煤为主要特征，称为"炮采"。炮采工作面的工人劳动强度大、生产效率低、安全条件差，一般适用于小型或不具备机械化采煤条件的矿井。

（2）机械化采煤法

回采工作面采用单滚筒采煤机（或刨煤机）落煤、可弯曲刮板输送机运煤、摩擦式金属支柱（或木支柱、单体液压支柱）支护顶板、冒落（或充填）法处理采空区时，以机械落煤、装煤和运煤为主要特征，称为机械化采煤，简称为"普采"。普采工作面的主要工序实现了机械化，减轻了工人的劳动强度。但顶板支护及采空区处理还需要人工操作，此种方法已逐渐被淘汰。

（3）综合机械化采煤法

回采工作面采用双滚筒采煤机落煤和装煤、可弯曲刮板输送机运煤、自移式液压支架支护顶板，全部工序实现了机械化，称为综合机械化采煤，简称为"综采"。综采与炮采、普采相比具有以下优点：

第一，大大减轻了工人的劳动强度。

第二，使用液压支架管理顶板，工人在支架保护下进行操作，大大减少了冒顶事故。

第三，提高了生产能力和生产效率，使生产更加集中。

第四，降低了材料消耗和生产成本。

（4）水力采煤法

用高压泵输出的高压水通过水枪射出，形成高压水射流，在回采工作面直接破碎煤体，并利用水力完成运输和提升的方法，称为水力采煤法，简称为"水采"。水采因受到一定条件的限制，目前应用较少。

二、长壁工作面综合机械化采煤工艺

综合机械化采煤简称"综采"，是在长壁工作面用机械方式破煤和装煤、输送机运煤和液压支架支护顶板的采煤工艺。综采工作面配备的主要设备有双滚筒采煤机、可弯曲刮板输送机和自移式液压支架。

综采工作面使用的自移式液压支架有支撑式、掩护式和支撑掩护式三种。

支撑式自移式液压支架由前梁、顶梁、支柱、底座、推移千斤顶等主要部件组成。支柱与顶梁相连接起支撑作用，后部无掩护梁。支撑式液压支架的支撑力集中在支架后部，挡矸性能不好，对直接顶完整、基本顶来压强烈的坚硬顶板比较适应，不适用于中等稳定以下的顶板。

掩护式自移式液压支架的特点是支柱与掩护梁连接，底座与掩护梁四连杆连接。这类支架挡矸性能良好，但其支撑力主要集中在支架前部。其对基本顶来压强烈的顶板适应性差，宜在直接顶破碎而基本顶来压不明显的条件下使用。

支撑掩护式自移式液压支架的支柱与顶梁连接来支撑顶板，具有支撑式的特点，而顶梁后又有掩护梁，掩护梁通过四连杆与底座连接，又具有掩护式支架的特点。这类支架的适应性比较强，能适用于直接顶破碎又有基本顶来压的采煤工作面。

自移式液压支架以液压为动力，可使支架升起支撑顶板或下降卸载。通过推移千斤顶将工作面刮板输送机与支架相连接，相互作为支点，通过推移千斤顶的伸、缩向前推移刮板输送机、拉移液压支架；具体过程为采煤机采煤后，支架不动，千斤顶伸出，可将输送机推向煤壁，输送机不动时，所需移动支架的支柱卸载，推移千斤顶收缩，就可拉动支架前移。

综采工作面采煤机的割煤方式是综合考虑顶板管理、移架与进刀方式、端头支护等因素确定的，采煤机割煤方式有单向割煤和双向割煤两种。

我国综采工作面采煤机常用斜切式进刀方式。典型的综采工作面端部斜切式进刀工艺过程为：①采煤机割煤至端头后，调换滚筒位置，前滚筒下降，后滚筒上升，反向沿输送机弯曲段割入煤壁，直至完全进入直线段；②采煤机停止运行，等工作面进刀段推输送机及端头作业完毕后调换滚筒位置，前滚筒上升，后滚筒下降，反向割三角煤至端头；③调换滚筒位置，前滚筒下降，后滚筒上升，清理进刀段浮煤，并开始正常割煤。

综合机械化采煤工艺机械化程度高、产量高、工作面效率高、工人劳动强度小、安全状况好，是我国机械化采煤工艺的主要技术手段。

三、放顶煤采煤工艺

放顶煤采煤法是沿煤层的底板或煤层某一厚度范围内的底部布置一个采煤工作面，利用矿山压力将工作面顶部煤层在工作面推进过后破碎冒落，并将冒落顶煤予以回收的一种采煤方法。

（一）放顶煤采煤法的分类

1. 整层开采放顶煤采煤法

整层开采放顶煤采煤法沿底板布置一个放顶工作面采煤并回收顶煤。优点是回采巷道掘进量及维护量少；工作面设备少；采区运输、通风系统简单；实现了集中生产；顶煤在矿山压力作用下易于回收。缺点是煤质较软时工作面运输及回风巷维护困难。

2. 分段放顶煤采煤法

当煤层厚度超过 20 米乃至几十米上百米时，一般可以将特厚煤层分为 10~12 米的若干分段。上下分段前后保持一定距离，同时采两个分段，或者一个一个逐段下行回采。采用这种方法时，可以在第一个放顶煤工作面进行铺网，使以后各分段放顶煤工作都在网下进行，以提高煤的采出率和降低煤的含矸率。

3. 大采高综放采煤法

大采高综放采煤法是大采高综采技术和综放开采的综合技术，割煤高度为 3.5~5.0 米，采放比为 1∶3 左右，应用大功率电牵引采煤机、大工作阻力放顶煤液压支架、大运量前后部刮板输送机等成套装备，实现 14~20 米特厚煤层的整层开采，工作面生产能力可实现年产 10 兆吨以上。

（二）放顶煤工艺

1. 采煤机采煤

与单一中厚煤层一样，采煤机可以从工作面端部或中部斜切进刀，距滚筒 12~15 米处推移输送机，完成一个综采循环。根据顶煤放落的难易程度，放顶煤工作在完成一个或多个综采循环以后进行。

2. 放顶煤

放顶煤工作多从下部向上部，也可以从上部向下部，逐架或隔一架、隔数架依次进行。一般放顶煤沿工作面全长一次进行完毕即完成一轮放煤，如顶煤较厚，也可以两轮或多轮放完。在放煤过程中，当放煤口出现矸石时，应关闭放煤口，停止放煤，降低混矸率。

（三）放顶煤采煤法的优点、适用条件及应注意的问题

1. 放顶煤采煤法的优点

第一，在工作面采高不增大的情况下，可大大增加一次开采的厚度，用于特厚煤层的

开采。

第二，简化巷道布置，减少巷道掘进工作量。

第三，提高采煤工效。

第四，降低吨煤生产费用。

2. 放顶煤采煤法适用的煤层条件

第一，煤层厚度为 5~20 米或更厚的煤层。

第二，煤层倾角由缓斜到倾斜或急倾斜。

第三，煤层冒放性较好，冒落块度不大。

第四，煤层顶板容易垮落。

3. 放顶煤采煤法应注意的问题

第一，采取措施提高煤炭采出率。

第二，防止煤自燃和瓦斯爆炸事故的发生。

第三，继续完善控制顶煤下放的技术措施。

四、大采高一次采全厚采煤工艺

大采高一次采全厚采煤法是采用综合机械化开采工艺，一次性开采全厚达 3.5~8.8 米的长壁采煤法，受工作面装备稳定性限制，用于倾角较小的煤层。

（一）大采高综采设备要求

大采高综采设备的要求有：

第一，采用长摇臂采煤机，并具有足够的卧底量。

第二，煤机具有调斜功能，以适应工作面地质条件的变化。

第三，工作面采落煤块度大，采煤机和输送机应有大块煤的机械破碎装备。

第四，大采高液压支架应具有良好的横向与纵向稳定性和承受偏载的能力；结构和性能应具有较好的防片帮能力，初撑力大，伸缩或折叠式前探梁对端面顶板及时支护；可伸缩护帮板应能平移至顶梁端部以外，且具有足够的护帮面积和护帮阻力。

第五，大采高工作面矿压显现强烈，支架应具有较大的支护强度和自身强度。

（二）煤帮及顶板管理主要措施

煤帮及顶板管理主要措施有：

第一，加快推进速度，降低矿压对煤壁影响，防止煤壁片帮。

第二，带压擦顶移架，减少对顶板的破坏。

第三，割煤后及时使用伸缩梁和护帮板支护顶帮。

第四，制订煤壁加固技术应急预案。

第五，对支架位态实施监测，掌握液压支架工作状态。

第六，在易片帮、掉顶区域，保证煤机通过高度的前提下适当降低采高，使支架能够支护到煤帮，避免掉顶的矸石从支架前方掉落。

（三）评价和适用条件

1. 评价

与分层综采相比，大采高综采工作面产量和效率大幅度提高；回采巷道的掘进量比分层综采减少了很多，并减少了假顶的铺设；减少了综采设备搬迁次数，节省了搬迁费用；设备投资比分层综采大，但产量大、效益高。与综放开采相比，一次采全高的采出率较高。其缺点是在采高增加后，液压支架、采煤机和输送机的质量都将增大。在传统的矿井辅助运输条件下，装备搬迁和安装都比较困难。另外，工艺过程中防治煤壁片帮，设备防倒、防滑和处理冒顶都有一定难度，对管理水平要求较高。

2. 适用条件

大采高一次采全厚采煤工艺一般适用于地质构造简单、煤质较硬、赋存稳定、倾角一般小于 12°、顶底板稳定或较稳定的厚煤层。

五、回采巷道布置

形成采煤工作面及为其服务的巷道叫作回采巷道。主要有开切眼、工作面运输巷、工作面回风巷等。

（一）回采巷道的布置方式

根据回采巷道数目与工作面之间的位置关系，回采巷道主要有单巷式、双巷式和多巷式等几种布置方式。

单巷式布置一个工作面回采时有 2 条回采巷道为其服务，分布于采煤工作面两侧，分别叫作工作面回风巷和工作面运输巷。

双巷式布置一个工作面回采时有 3 条回采巷道为其服务，分别为工作面回风巷、工作面运输巷和轨道巷。走向长壁开采时，分别叫区段回风平巷、区段运输平巷、区段轨道平巷，轨道平巷一般同时作为相邻工作面的回风平巷。倾斜长壁开采时一般称之为分带回风斜巷、分带运输斜巷、分带轨道斜巷。

多巷式布置方式为一些高产高效工作面而发展起来的一种新型的回采巷道布置方式，工作面两侧各布置 2~3 条巷道，分别用于运煤、回风和辅助运输，此时工作面长度较长，一般在 200 米以上。

（二）几种布置方式的优缺点和适用条件

在炮采和普通机械化采煤时，采煤工作面长度可以有一定的变化。采用走向长壁开采时，一般工作面轨道巷和回风巷沿煤层等高线布置，称为沿腰线掘进，巷道基本保持水平（一般有 5%~10% 的坡度），便于巷道内矿车运输和排水。工作面运输巷则采用直线或分段取直布置，称为沿中线掘进，巷道水平方向保持直线，但在垂直方向上有起伏，有利于胶带输送机运输。

在煤层有起伏变化的条件下，巷道难免有一定的起伏，双巷布置可利用工作面轨道巷探明煤层变化情况，便于辅助运输。运输平巷低洼处的积水可通过联络巷向工作面轨道平巷排水，工作面接替容易。同时，在瓦斯含量较大、工作面推进长度较长的区段，工作面准备时可采用一条巷道进风、一条巷道回风的方式，双巷并列掘进，有利于巷道掘进时的通风和安全。双巷布置的主要缺点是回采巷道掘进工程量大；工作面轨道巷如作为相邻工作面的回风巷使用，虽有煤柱护巷，但维护时间较长、维护困难；增加了巷间联络巷道的掘进工程量；工作面运输巷和轨道巷间煤柱较宽，煤炭损失较多。在回采顺序上，要求本工作面结束立即转到相邻的工作面进行回采，以缩短轨道巷的维护时间。

当瓦斯含量不大、煤层赋存较稳定、涌水量不大时，一般采用单巷布置，相邻工作面开采时采用沿空掘巷或沿空留巷的方式准备，减少了巷间煤柱的损失。沿空掘巷是工作面回采巷道完全沿采空区边缘或仅留很窄的煤柱掘进巷道。沿空留巷是工作面采煤后沿采空区边缘维护原回采巷道作为下一个工作面的回采巷道使用。

多巷式布置方式有利于高产条件下的通风安全，尤其是对高瓦斯工作面的通风很有帮助，工作面单产水平高，工作面准备和搬迁容易，特别是配合无轨胶轮车运输，可以实现很高的辅助运输效率。多巷布置的缺点是巷道掘进率和维护成本较高，需要留设大量的区段煤柱，造成采区采出率较低。

由于综采工作面设备配套严格，一般要求等长布置，因此工作面运输巷和轨道巷要求取直或分段取直布置，两巷道相互平行，工作面保持等长。而炮采和普采工作面则没有这方面的要求。

第二节   煤矿特殊开采方法

一、煤矿充填开采

充填开采就是在井下或地面用矸石、砂、碎石等物料充填采空区，达到控制岩层运动及地表沉陷的目的。充填开采有提高煤炭采出率、充分利用资源、有效控制矿压、减少地表沉陷及可在特殊条件下开采等优点。加上采空区可以作为处理废石的空间，可减少矸石等废物的堆放及环境污染，改善矿区周围生态环境，是煤矿绿色开采的重要组成部分。基于这些优点，在我国目前的能源状况及形势下，充填开采越来越受到各界的重视，充填工艺技术也在充填开采不断发展的过程中得到创新与发展。

煤矿充填开采目前主要有膏体充填、超高水材料充填、综合机械固体密实充填采煤等技术。

（一）膏体充填技术

所谓膏体充填技术就是把煤矸石、粉煤灰等固体废物在地面加工成"无临界流速、不需脱水"的膏状浆体，利用充填泵和重力作用通过管道输送到井下，适时充填采空区的采矿方法。

1. 充填材料

膏体充填技术采用的充填材料主要是煤矸石（需经过破碎和筛分）、粉煤灰、炉渣、矿渣、城市垃圾、劣质土等，加工成膏状浆体。一般膏体充填材料质量浓度大于75%，目前浓度高达88%，需要采用大型充填泵送至充填地点。

2. 充填工艺

膏体充填工艺流程主要包括材料准备、配料制浆、管道输送、工作面充填四大部分。整个充填系统主要由膏体充填固体废物加工、充填材料储存、充填材料配制、膏体泵送、充填体构筑、检测控制、粉尘防治等构成。

（二）超高水材料充填技术

1. 充填材料

充填材料主要由A、B料组成：A料主要以铝土矿、石膏等独立烧制并复合超缓凝分散剂制成；B 料由石膏、石灰与复合速凝早强剂构成，同时配以悬浮分散剂。二者混合比例为 1∶1；材料水体积可达 97%。主要特点是材料消耗量少、材料固结体体积应变较小、凝结时间易调、输送距离不受限制等。

2. 充填工艺

超高水材料充填材料为高含水材料，充填工艺与膏体充填相似，主要包括材料准备、配料制浆、管道输送、工作面充填四部分，配置浆料需 A、B 料分别加水搅拌，两种浆体分别通过管路输送。在充填点附近将两种浆体通过混合器和混合管混合，灌注到充填空间内，可迅速固化成型。

目前常用的充填方式为采空区全袋（包）式充填法。该种方式需要在支架移出一定空间后，在后部挂设充填包，然后向充填包内灌注超高水混合材料。

（三）综合机械化固体密实充填采煤技术

综合机械化固体密实充填采煤技术的基本思想是将地面的矸石、粉煤灰、建筑垃圾、黄土、风积沙等固体废弃物通过垂直连续输送系统运输至井下，再用带式输送机等相关运输设备将其运输至充填工作面，借助充填物料转载输送机、充填采煤液压支架、多孔底卸式输送机等充填采煤关键设备，实现采空区密实充填。井下掘进矸石破碎后，可以直接运输至工作面进行充填。

1. 固体密实充填采煤关键设备

综合机械化固体密实充填采煤关键设备包括采煤设备与充填设备。其中采煤设备主要有采煤机、刮板输送机、充填采煤液压支架等；充填设备主要有多孔底卸式输送机、自移式充填物料转载输送机等。

（1）充填采煤液压支架

充填采煤液压支架是综合机械化固体密实充填采煤工作面主要装备之一，它与采煤机、刮板输送机、多孔底卸式输送机、夯实机配套使用，起着管理顶板隔离围岩、维护作业空间的作用，与刮板输送机配套能自行前移，推进采煤工作面连续作业。

（2）多孔底卸式输送机

多孔底卸式输送机是基于工作面刮板输送机研制而成的，其基本结构同普通刮板机类似，不同之处是在多孔底卸式输送机中部槽上均匀地布置卸料孔，用于将充填物料卸载在下方的采空区内。多孔底卸式输送机机身悬挂在后顶梁上，与综采面上、下端头的机尾、机头组成整部的多孔底卸式输送机，用于充填物料的运输，与充填采煤液压支架配合使用，实现工作面的整体充填。夯实机安装在支架底座上，对多孔底卸式输送机卸下的充填物料进行压实。为了控制卸料孔的卸料量以及卸料速度，在卸料孔下方安置有液压插板，在液压油缸的控制下，可以实现对卸料孔的开启与关闭。

（3）自移式充填物料转载输送机

为了实现固体充填物料自低位的带式输送机向高位的多孔底卸式输送机机尾的转载，自移式充填物料转载输送机由两部分组成，一部分是具有升降、伸缩功能的转载输送机，另一部分是能够实现液压缸迈步自移功能的底架总成。可调自移机尾装置也由两部分组成，一部分是可调架体，另一部分也是能够实现液压缸迈步自移功能的底架总成。转载输送机和可调自移机尾装置共用一套液压系统，操纵台固定在转载输送机上。

2. 固体密实采煤与充填工艺

（1）采煤工艺

采煤工艺与综合机械化采煤工艺相同。

（2）充填工艺

充填工艺流程为：在工作面刮板运输机移直后，将多孔底卸式输送机移至支架后顶梁后部，进行充填。充填顺序由多孔底卸式输送机机尾向机头方向进行，当前一个卸料孔卸料到一定高度后，即开启下一个卸料孔，随即启动前一个卸料孔所在支架后部的夯实机千斤顶推动夯实板，对已卸下的充填物料进行夯实。如此反复几个循环，直到夯实为止，一般需要 2~3 个循环。当整个工作面全部充满，停止第一轮充填，将多孔底卸式输送机拉移一个步距，移至支架后顶梁前部，用夯实机把多孔底卸式输送机下面的充填料全部推到支架后上部，使其接顶并压实，最后关闭所有卸料孔，对多孔底卸式输送机的机头进行充填。

二、煤与瓦斯共采

煤炭是我国主体能源，瓦斯作为煤的伴生产物，虽然是煤矿重大灾害源和大气污染源，但更是一种宝贵的不可再生能源。我国瓦斯总量大，与天然气总量相当，且随着采深的增加，瓦斯含量将显著增大。实现煤与瓦斯共采，是深部煤炭资源开采的必然途径。深部煤与瓦斯共采不仅能保障我国经济持续发展对能源的需求，还将进一步提升煤矿安全高效洁净的生产水平，尤其对优化我国能源结构、减少温室气体排放具有十分重要的意义。

煤与瓦斯共采从开采顺序上主要有三种方式：

（一）先采瓦斯后采煤

通过预先抽采部分瓦斯，消除突出危险，提高开采安全性。包括顶底板穿层钻孔预抽瓦斯、保护层开采预抽主采煤层卸压瓦斯、顺层钻孔预抽瓦斯。

（二）煤与瓦斯同采

在掘进工作面掘进和采煤工作面回采的同时，利用工作面前方应力变化使煤层透气性增加的有利条件，抽采煤体内瓦斯。同时采用顶板走向钻孔或巷道抽采工作面采空区积聚的大量瓦斯，既避免了采空区瓦斯涌入工作面造成上隅角瓦斯积聚和回风流瓦斯超限，又将采空区高浓度瓦斯抽至地面得以利用。

（三）先采煤后采瓦斯

多开气源，确保利用，在采煤工作面或采区结束后，对密闭的采空区进行抽采。主要方法是在密闭墙内接管抽采或从地面钻孔抽采。

目前煤与瓦斯共采技术的难点主要集中于瓦斯的抽采，主要有以下三种抽采技术体系。

1. 卸压开采抽采瓦斯技术体系

首采层卸压增透消突技术：首采层均为突出煤层，采用瓦斯抽采母巷钻孔法预抽瓦斯卸压消突。瓦斯含量法预测煤与瓦斯突出技术：针对首采层开展突出机理及规律、突出预测预报新技术研究；寻找新的突出预测预报方法和指标，建立矿区防突预测预报指标体系。应用微震技术探测首采层采动覆岩裂隙发育区，从而确定高位环形体裂隙发育等瓦斯富集区，进一步优化瓦斯抽采工程设计，逐步实现瓦斯抽采工程准确化。针对首采层松软煤层开发成功快速全程护孔筛管瓦斯抽采技术，完善了高压水射流割缝增透煤层气抽采技术。针对深井井巷揭煤开发了快速揭煤技术，形成低透气性煤层群卸压开采抽采瓦斯技术：开发了首采煤层顶板抽采富集区瓦斯技术、大间距上部煤层抽采被卸压煤层解析瓦斯技术、多重开采下向卸压增透瓦斯抽采技术、地面布置钻孔抽采被卸压煤层解析瓦斯技术、无煤柱护巷围岩控制关键技术，以及主动整体强化锚索网注支护、抗强采动巷内自移辅助加强支架、巷旁充填墙体支护三位一体的围岩控制技术；高承载性能的巷旁充填墙体支护材料，研制成功了巷旁充填一体化快速构筑模板支架。开发成功了无煤柱（护巷）Y型通风留巷钻孔法抽采瓦斯关键技术、首采层采空区留巷钻孔法抽采瓦斯技术、留巷钻孔法上向钻孔抽采卸压煤层瓦斯技术、留巷钻孔法下向钻孔抽采卸压煤层瓦斯技术。

2. 全方位立体式抽采瓦斯技术体系

全方位立体式抽采瓦斯技术体系主要技术包括钻孔裂隙带抽采、高位抽采巷抽采、回采工作面下隅角综合抽采、采空区瓦斯抽采技术、采动煤岩移动卸压增透抽采瓦斯技术、原始煤层强化抽采瓦斯技术、区域性卸压开采消突技术、本煤层长钻孔抽采瓦斯技术、深部开采安全快速揭煤技术、深井低透气性煤层井筒揭煤防突关键技术、高瓦斯煤矿电网重大灾害监控预警技术等。高瓦斯近距离煤层群顶板顺层千米大直径钻孔实现"煤与瓦斯共采"技术，解决了多年来严重制约矿井发展的瓦斯难题，实现煤与瓦斯安全高效共采；解决了近距离高瓦斯煤层群开采过程中综采工作面上隅角和回风流中浓度超限这一难题，结合千米定向钻机，提出了高抽钻孔组和顶板裂隙钻孔组联合抽采瓦斯技术。

3. 深部薄厚煤层瓦斯抽采技术体系

针对深部薄煤层，采用 Y 型通风技术，并在留巷段施工网格立体式穿层钻孔，拦截抽采邻近突出煤层的卸压瓦斯，实现了无煤柱煤与瓦斯共采。

高瓦斯特厚煤层煤与瓦斯共采技术：利用首采煤层的卸压增透增流效应，采用专用瓦斯巷与穿层钻孔的方法，可以使处于弯曲下沉带的远距离有煤与瓦斯突出危险煤层消除突出危险，能够实现煤与瓦斯两种资源安全、高产、高效共采；采用高抽巷方法，可以对处于上覆采动断裂带的中距离卸压瓦斯实施抽采，能够实现煤与瓦斯两种资源安全、高产、高效共采。

三、煤炭流态化开采

流态化开采是指将深部固体矿产资源原位转化为气态、液态或气固液混态物质，在井下实现无人智能化的采、选、充、热、电、气等转化的开采技术体系。该技术突破了固体矿产资源临界开采深度的限制，使深地煤炭资源开采可以像油气开发那样实现"钻机下井，人不下井"，依靠压差作用进行开采，从根本上颠覆固体资源的开采模式。实现深地煤炭资源的流态化开采，关键在于要去探索深地井下采、选、充、气、电、热的一体化无人、智能采掘与转化系统，通过无人作业、智能采掘、原位转化、高效传输等颠覆性技术，实现将深地固体资源气化、液化、电气化等系统的流态化开采。

煤炭资源高效开采、清洁燃烧、环保利用与二氧化碳减排一直是国际上重点关注的内容。作为煤炭开采与消费大国的中国，如果能够实现深地煤炭资源的采、选、充、热、电、气的原位、实时和一体化开发的颠覆性开采模式，不仅能够解决中国经济高速发展对能源需求短缺的问题，实现煤炭资源开采深度上的突破，为中国乃至世界资源可开采可利用的总量翻番提供理论与技术支撑，同时还能够在煤炭资源高效开采、清洁燃烧、环保利用与二氧化碳减排等方面为世界作出贡献。未来的煤矿将是清洁、安全、智能、环境协调、生态友好的电力传输和能源调蓄基地。

深部煤炭资源流态化开采构想包括以下主要技术流程：

（一）无人采掘

以深地无人智能盾构作业（TBM）破割煤岩体，通过传送设施将矿物块粒传送至分选模块。

（二）智能分选

通过重力分选，将煤炭与矸石进行分离，并将矸石回填至采空区。

（三）原位转化

在深部原位实现煤炭资源的液化、气化、电化、生物化等系统流态化。

（四）充填调控

转化后的矿渣进行混合加工，形成充填材料回填采空区，用以控制岩层运动与地表沉陷，实现安全、绿色开采。

（五）高效传输与智能调蓄

深部煤炭资源通过原位转化，以流态化形式高效智能传输至地表，并结合深地热能利用，使传统概念的煤炭企业成为电力传输和清洁能源的调蓄基地。

四、煤炭精准开采

煤炭精准开采是基于透明空间地球物理和多物理场耦合，以智能感知、智能控制、物联网、大数据云计算等作支撑，具有风险判识、监控预警等处置功能，能够实现时空上准确安全可靠的智能少人（无人）安全精准开采的新模式新方法。

结合煤炭发展现状及长远要求，精准开采将分两步实施。第一步是实现地面和井下相结合的远程遥控式精准开采，即操作人员在监控中心远程干预遥控设备运行，采掘工作面落煤区域无人操作；第二步是实现智能化少人（无人）精准开采，即采煤机、液压支架等设备自动化智能运行、惯性导航。煤炭精准开采将最终实现地面远程控制的智能化、自动化、信息化和可视化，实现煤炭开采的少人（无人）、精确、智能感知和灾害智能监控预警与防治。

煤炭精准开采涉及面广、内容纷繁复杂，实施过程中需要解决诸多科学问题。

第一，煤炭开采多场动态信息（如应力、应变、位移、裂隙、渗流等）的数字化定量。传统采矿多依赖经验、凭借定性分析开采，精准开采是传统采矿与定量化智能化的高度结合，开发出多功能、多参数的智能传感器。以开采沉陷的精准控制为例，需要快速而精确地实现对开采沉陷数据的识别、获取、重建，以达到开采沉陷的信息化、数字化及可视化，为进一步的定量化预测奠定基础。

第二，采场及开采扰动区多源信息采集、传感、传输。煤炭井下开采涉及应力场、裂隙场、渗流场等诸多问题，采场及开采扰动区地应力、瓦斯压力、瓦斯涌出量、裂隙发育区等信息准确获取至关重要。精准开采在该方面涉及的关键科学问题包括采场及开采扰动区多源信息采集传感、矿井复杂环境下多源信息多网融合传输以及人机环参数全面采集、共网传输等。

第三，基于大数据云技术的多源海量动态信息评估与筛选机制。随着煤矿物联网覆盖的范围越来越广，"人、机、物"三元世界在采场信息空间中的交互、融合所产生的数据越来越多，基于大数据云技术的多源海量动态信息评估与筛选机制的研究愈发重要。精准开采在该方面涉及的关键科学问题包括井下掘进定位以及应力场—应变场—裂隙场—瓦斯场等多物理场信息定量化采集，多源、海量、动态、多模态等特征传感信息评估与筛选，多维度信息复杂内在联系，质量参差不齐、不确定等海量信息的聚合、管理与查询，可视化、交互式、定量化、快速化、智能化的多物理场信息智能分析系统搭建等。

第四，基于大数据的多相多场耦合灾变理论研究。煤炭开采涉及固—液—气三相介质，在开采扰动作用下三者相互影响、相互制约、相互联系，形成采动应力场—裂隙场—渗流场—温度场的多场耦合效应，研究煤炭开采灾害的多相多场致灾机理是精准开采的重要内容。精准开采在该方面涉及的关键科学问题包括开采扰动及多场耦合条件下灾害孕育演化机理、灾变前兆信息采集传感传输、灾变前兆信息挖掘辨识方法与技术等。

第五，深度感知灾害前兆信息智能仿真与控制。与基于被控对象精确模型的传统控制方式不同，智能仿真与控制可直观地展示井下采场情况，模拟不同开采顺序、工艺等引起的采动变化，更好地解决煤矿复杂系统的应用控制，更具灵活性和适应性。精准开采在该方面涉及的关键科学问题涵盖矿山地测空间数据深度感知技术、矿山地质及采动信息数字化、矿山采动及安全隐患智能仿真、开采模拟分析与智能控制软件开发等。

第六，矿井灾害风险预警。矿井灾害风险超前、动态、准确预警是煤矿安全生产的前提。精准开采在该方面涉及的关键科学问题包括矿井灾害致灾因素分析、矿井灾害预警指标体系的创建、多源数据融合灾害风险判识方法及预警模型、灾害智能预警系统等。

第七，矿井灾害应急救援关键技术及装备。快速有效的应急救援是减少事故人员伤亡和财产损失的有效措施。精准开采在该方面涉及的关键科学问题包括救灾通信、人员定位及灾情侦测技术与装备，灾难矿井应急生命通道快速构建技术与装备，矿井灾害应急救援通信系统网络等。

第五章
煤炭资源开发之煤炭加工与清洁利用

第一节　煤炭利用的理论基础

一、煤炭利用的相关问题解读

（一）能源与消费关系解读

能源是能够提供人们所需要各种能量（如热能、光能、电能、机械能等）的自然资源。无论工业、农业生产还是人民生活都无时无刻离不开能源。能源消耗通常以石油换算量为基础来衡量（一些国家以标准煤换算量为基础）。目前，发达国家平均每人每天消耗13~15千克石油。虽然能源消耗是人类文明的标志之一，但是为了支持现代经济活动中如此大量的能源消耗，不仅要考虑能源储备，还要考虑环境问题，例如对大气环境的破坏就是来自能源消耗，所以必须要对能源有更加充分的了解与认识。

据世界能源会议规定，储藏量、可开采储藏量和可开采年数的定义如下。

第一，储藏量。在将来，人类可持久得到的具有经济价值的储量。

第二，可开采储藏量。在现代的技术经济条件下，可能采掘的储量。

第三，可开采年数。用储藏量除以年能源供给量所得的数值。

在经济快速发展阶段，现有的能源系统和机制体现了满足能源需求的优势，但目前中国经济已经进入了从强调"量"到强调"质"的发展阶段，一些现有的能源系统和机制不利于能源的可持续发展。能源生产和消费革命是促进绿色发展和建设美丽中国的核心环节。中国能源发展不仅是能源生产和消费革命的结果，也是能源生产和消费革命成功的保证。中国新能源产业的快速发展引领了全球能源转型的趋势，尤其是对中国清洁能源转型路径和体系的信心的深刻诠释。为了确保能源改革的顺利进行并提高能源的使用效率，有必要改进能源系统。

能源消耗革命的范围主要是指提高各消费领域的节能和有效利用，减少不合理的能源消耗，调整产业结构影响能源消费结构，在城市化进程中注重节能环保，改变生活方式等。

从国情来看，我国目前正处于工业化和城市化阶段，需要大量的能源消耗支持。然而，能源资源相对稀缺，煤、石油和天然气的平均储存和生产比率低于世界平均水平。

而从另一方面来看，由于一些能源价格受定价政策的指导，它们并没有充分反映市场供求，同时也没有考虑资源稀缺和环境污染的外部成本，并且有相对较大的交叉补贴。能源价格是影响能源消耗的关键因素，可以促进节能和有效利用。如果没有对消费者的价格激励，有效利用和节能将难以成为现实。所以，能源系统和机制是影响能源消费革命的关键。改革的重点是形成能充分反映市场供求、环境成本和资源稀缺成本的能源价格，使能源用户面临适当的成本限制。

能源生产革命的主要目的是在满足能源需求的基础上提供安全高效的能源供应，从而使能源结构更加清洁、低碳、多样化。近年来，环境污染问题逐渐受到重视，许多城市受到烟雾的困扰。大量的能源消耗和煤基能源结构是造成烟雾的主要原因，所以环境管理的紧迫性将清洁和多样化的能源置于能源生产革命的顶端。

由于光伏发电巨大的增长潜力，目前它在能源消耗中所占的比例非常小，只能等比例更加大了，并且在中长期内可以替代煤炭来使用，这样才可以发挥相对较大的作用。短期内，用天然气代替煤炭是控制城市烟雾的主要措施。一些地区通过"煤改天然气"实现了减排，但也遇到了"天然气短缺"的情况。因此，在不显著增加能源成本和外部依赖性的情况下，增加天然气在中国能源消费中的比例是事实。政府需要支持非常规天然气的开发。为了加快非常规天然气的技术进步并降低其成本，需要更广泛的参与，这取决于鼓励多方资本参与能源系统和价格机制，包括支持能源价格改革、开放网络基础设施以及减少社会资本投资的风险和利润不确定性。

能源生产革命的重点是开发绿色和低碳技术，培育创新技术、产业和商业模式，促进能源利用技术与其他技术的融合，并挖掘新的增长点以促进产业升级。历史经验表明，工业革命和能源利用技术是不可分割的。未来的清洁能源转换取决于能源储存和可再生能源的技术创新以及互联网的广泛使用。

显然，能源技术创新离不开良好的发展环境和政策支持，包括能源产业体系和能源价格机制的改革和完善，这些都属于能源体系建设的范畴。推进能源体制改革，市场竞争越激烈，参与者越多，推动技术创新的进程就越容易。市场竞争直接关系到能源消耗和生产效率。能源价格是市场经济的灵魂和信号。通过能源价格机制改革，可以理顺能源生产、运输和消费传输链的价格，减少产业链扭曲，加强各方面的技术创新。

面对巨大的能源需求、环境污染和能源安全，我国需要通过能源革命不断改善其能源系统。一个更好的能源系统和机制反过来可以促进能源生产和消费的革命，也是能源自信的基础和保证。从理论上讲，能源生产和消费革命以及能源系统的改革和完善是一个相互作用、共同发展的过程。

（二）　能源与环境关系解读

1. 能源利用所引起的主要环境问题

（1）环境问题的实质

①环境对人类的作用

A. 提供人类活动不可缺少的各种自然资源

环境是各种生物生存的基本条件之一，也是人类从事生产活动的物质基础。世界经济和人口的快速增长使得人类大量消耗着各种自然资源。

B. 可对人类经济活动和日常生活产生的废弃物进行消纳

由于环境有着自净功能和一定的消纳容量，可对人类经济活动和日常生活产生的废弃物进行消纳。环境通过各种各样的物理、化学、生物反应，可稀释、消纳和转换人类产生的废弃物，起到环境的自净作用。如果环境没有这种功能，千万年来人类产生的废弃物早就充满了世界，人类将无法生存。

C. 向人类提供舒适的生活环境

洁净的水和清洁的空气是工农业生产必不可少的要素，也是人类健康快乐生活的基本要求。优美舒适的环境有利于人们的生活及有效地工作，也有利于社会经济的发展。

②环境问题的实质

A. 人类经济活动索取自然资源的速度超过了资源本身的再生速度

地球上自然资源的补给和再生、增殖是需要时间的。水资源也不是取之不尽的，人口的增加和经济的高速发展，使人类消耗淡水量迅速增加，人类正面临着淡水短缺的威胁。

B. 人类向环境排放废弃物量超越了环境的自净能力

人类每年向环境排放大量的废气、废水和固体废弃物已超越了环境的自净能力，因而使全球的生态环境发生了显著的变化，直接影响到人类的生存，如全球地表温度的上升、臭氧层的破坏已使地球变暖；向大气中大量排放有害气体，形成的酸雨会造成森林大面积的枯萎，并使大量的微小水生物死亡；大量的工业及生活污水排入江河污染了河流，破坏了地下水源等。

（2）温室效应和全球气候变暖

①温室效应的含义

温室效应是大气保温效应的俗称，有时又称为"花房效应"。像生活中常见的玻璃花房或塑料蔬菜温室一样，玻璃或塑料薄膜被用作温室，以允许阳光直接照射温室并加热室内空气，而玻璃或塑料薄膜可以防止室内热空气向外流动和散发，并保持室内温度高于室外温度，以利于植物快速生长，这就是人工温室。

在自然界的大气中，氧气、氮气和氢气等双原子气体的辐射能力可以忽略不计，可以视为"透明体"。然而，多原子气体如二氧化碳、水蒸气和乙烯具有很强的辐射和吸收能力，这些气体的辐射和吸收也具有一定的选择性。它们只能辐射和吸收一定波长范围内的能量。二氧化碳等气体可以让太阳的短波辐射自由通过，同时吸收来自地面的长波辐射。这样，大部分太阳能短波辐射可以通过大气层到达地球表面，从而提高了地面温度。同时，由于二氧化碳气体对来自地球表面的长波辐射的强烈吸收，减少了空间的热损失。像蔬菜温室中的气体如二氧化碳被塑料薄膜或覆盖一样，导致地球表面从太阳吸收更多的热量，损失更少的热量，导致地球温度上升，这被称为"温室效应"。

温室气体占大气层不足1%，其总浓度要看各种温室气体的"源"和"汇"的结果。所谓"源"是指产生这种温室气体的来源，即某些化学或物理过程使这种温室气体的浓度增加；而"汇"指的是温室气体的减少。人类的活动和能源的利用可直接影响各种温室气体的"源"和"汇"，因此改变了其浓度。

温室气体造成的温室效应的结果是全球变暖，但是不同温室气体的"全球变暖潜能值"是不同的。"全球变暖潜能值"的概念是指在一定时间内，每单位质量温室气体相对于二氧化碳的累积辐射功率，是反映温室气体的相对强度，是其在大气层中的存留时间及其吸收辐射的能力。

全球气候变暖就是指全球气温升高。近100年来，全球平均温度呈现出不断上升的趋势，进入20世纪80年代后，全球气温急剧上升。

专家们认为，冬季以来频繁的雾天也是冬季温暖的标志。雾天气是由"暖冬"引起的非常微弱的冷空气造成的。全球变暖的现实继续震撼着世界上所有国家，并且严重影响了人类的生存环境和社会的可持续发展。这不仅是一个科学问题，也是一个涉及政治、经济、能源等的综合问题。更加重要的是，全球变暖的事实已经上升到国家安全的水平。

②温室效应的危害

A. 全球气候变暖会引起地球两极部分冰雪消融

全球液态水总量增加，造成海平面上升，沿海人口密集工农业发达的大陆低地地区将会被淹没，一些海滨城市如上海、纽约、东京等将不复存在，部分岛屿将成为暗礁。

B. 全球气候变暖将导致全球气候变化出现异常

全球变暖将导致一些地区过早干旱，一些地区降雨量增加，海洋风暴增加，飓风强度增加，风源向被扩展，发生频率增加，自然灾害增加。

C. 全球气候变暖使得地球上的传染病加剧传播

在全球变暖的过程中，它还会导致并加剧传染病的流行。以瘟疫为例，在过去5年里，世界上疟疾的发病率增加了4倍。全球变暖还会使以前致命的病毒复活，威胁人类健康。一些科学家认为，一系列流行病病毒，如流感、脊髓灰质炎和天花，可能隐藏在北极冰层深处。目前，人类对这些原始病毒没有抵抗力。当冰因全球变暖而融化时，这些潜伏在冰中数千年或更久的病毒可能会复活并形成流行病。尽管有可能知道这些病毒的生存希望或者再次适应现代环境的机会渺茫，但不能否认这些病毒不会卷土重来。

除此之外，全球气候变暖还可使全球大气环流发生调整，使得包括我国北方在内的中纬度地区降水量减少，蒸发量加大，使得土地干旱、沙漠面积增大。

全球气候变暖的主要原因之一是人类对能源的利用，所有化石能源在被利用（燃烧）时均会排出温室气体二氧化碳，不过，在获得相同的热量情况下，燃烧不同的化石能源会排放出不同量的温室气体。

（3）酸雨污染

pH值小于5.6的大气降水统称为酸雨，包括雨、雪、雹、雾等各种形式的降水。我们知道，纯水的pH值为7。pH值越低，酸性越大；pH值越高，碱性越大。正常的雨水由于融入了大气中的二氧化碳，一般呈弱酸性，pH值达5.6左右，因此，人们就把pH值低于5.6的降水称为酸雨。酸雨对自然生态会产生不利影响，目前已经成为国际社会共同关注的重要全球环境问题之一。

（4）土地沙化

土地沙化简单地说就是土地退化或土地荒（沙）漠化。这意味着在脆弱的生态系统下，由于过度的人类经济活动，生态平衡遭到破坏，环境也发生了变化，例如以前非沙化地区的沙化景观。因此，任何有沙化过程的土地都被称为沙化土地。沙化土地还包括沙漠边缘的沙丘在风的影响下向前移动和入侵的地方，以及由于植被破坏而激活沙丘的原始固定区域。广义而言，土地沙化是指由于人类和自然因素的综合影响，干旱、半干旱甚至半湿润地区环境退化的全过程，包括盐碱化、草原退化、土壤侵蚀、土壤沙化、植被沙化、历史时期沙丘的早期入侵以及其他以某些环境因素为标志的自然环境退化。

（5）水源污染

水源污染是指人们生活、生产用水的源头受到人为或自然因素的影响，使水的感官性状、微生物指标、有毒成分等超过了标准；是指人类生产、生活活动能源利用等产生的废弃物排放和突发性事件对江河的源头、上游、水库、湖泊、地下水等水源地造成的污染。污水排放、垃圾堆放和酸雨是造成水源污染的主要原因。

地下水位的下降改变了水动力的条件，使得饮用水水源渗入地下水中而形成地下水污染。另外，工业污水、生活污水以及农业污水直接灌入和渗入地下水，也可形成地下水的污染。地下水位的持续下降又会使海水或滞留于地下的古代海水以回潮潜流的形式浸入地下淡水层，使地下水遭到污染。

因此，我们要加强对水源的保护，防治污染的原则是以预防为主。要定期对水污染源进行调查，实地观察、收集排污资料，根据水源污染的类型进行治理；要减少排放，进行清洁生产；要对能源利用转换过程中产生的废气进行脱硫处理，减少因氧化硫的排放所形成的酸雨情况发生；还要加强水源上游水质的监测，依法治理污染源，确保水源的安全与卫生。

（6）生物物种减少

①生物对人类的供给

人类的生存离不开其他生物，生物物种是生态系统不可分割的一部分。地球上的各种动物、植物和微生物为人类提供了不可缺少的食物、纤维、木材、医药和工业原料。

②生物的灭绝

在漫长的生物进化过程中，生物赖以生存的自然环境曾发生过多次重大变化，有的物种逐渐灭亡，如众所周知的恐龙大灭绝。但生物在自然选择和本身的遗传与变异共同控制下，也不断地发生变异与发展，相继产生出新的物种，进而不断演化和发展形成今日地球上繁荣而丰富的生物资源。

2. 能源开发利用对环境的影响

（1）化石燃料开发利用对环境的影响

化石燃料（包括煤炭、石油、天然气等）是目前世界上使用的主要能源。有人曾称煤是"工业的粮食"，石油是"工业的血液"，其实不仅工业，其他如农业、国防、交通运输业、建筑业和人们的正常生活都离不开煤、石油和天然气，但化石燃料的开采、加工、运输和燃烧耗用对环境都有较大的影响。

（2）开发利用可再生能源对环境的影响

生物质能、水的势能、风能、太阳能等这些都是可再生能源，利用可再生能源发电不排放污染物和温室气体，并可减少水资源的消耗和生态破坏。如可再生能源中利用工业废水、城市污水、生活污水和畜禽养殖场生产沼气工程，垃圾发电工程等本身就是清洁生产的重要措施，有利于环境保护和可持续发展。但可再生能源的开发过程对生态环境仍可能产生不利的影响。

（3）发电对环境的影响

电力是二次能源，除了部分是由可再生能源转化而来外，主要是一次能源（化石能源）经发电厂转化成二次能源。

发电是将一种能源（如化石能源）转化成另一种能源（电能）的过程，就是将一次能源的化学能通过燃烧转化为热能，然后通过做功变为机械能，再通过发电机组将机械能转化为电能。

发电，特别是火力发电对生态环境影响较大，对环境的污染主要为废水、废气、废渣、废热的排放，另外还有噪声污染。

二、煤炭清洁利用发展的理论基础

（一）外部性理论

1. 正外部性不能完全内部化

（1）外部性的含义及影响

①外部性的含义

外部性概念包含三个基本要点。

第一，经济实体之间的外部影响是直接的，而不是间接的。也就是说，这种影响不是由市场交易通过市场价格机制施加的。如果没有这种限制，外部性的概念将过于宽泛。因为每个经济实体的利益总是受到价格变化的影响，而价格变化无疑是由其他实体的行为引起的。因此，外部性是市场交易机制之外的一种经济利益关系。

第二，外部性将出现在消费者和生产领域，也就是说，它可能由制造商或消费者承担。

第三，外部性既有积极的也有消极的。从外部性的角度来看，其行为可能会给其他人带来未补偿的效用或产出损失，以及未补偿的效用或产出增加。前者是负外部性，即外部不经济；而后者是正外部性，即外部经济。

在现实生活中，由于经济主体之间总是存在各种各样的联系，因此外部性现象几乎无时无处不在。从小的方面来说，一户居民在自己家的房前屋后栽种花草，也给邻居和行人带来赏心悦目的感受，而该户居民并未经过市场交易得到邻居和行人支付的报酬；一家企业为了自身生产经营的方便而投资改善门口的交通条件，该举动也会使附近的居民受益，个体的文明举止会给周围的人带来诸多方便和好处，这也产生了外部效应。从大的方面来说，一个行业或产业的发展有利于全社会，一国经济的繁荣有利于全世界，这些都是正外部性的体现。很明显，正外部性是指一种经济行为给他人带来了积极影响，使得他人增加了收益或减少了成本。

相反，一家造纸厂生产中排出的废水给周围居民和河流下游的企业产生了损害，却没有经过市场交易向这些受害者支付相应的代价；吸烟者污染了空气，造成周围的人间接吸烟，这是生活中常见的环境污染；一个人的不文明行为影响了他人的正常生活；一个地区或国家的经济衰退给其他地区或国家的经济造成了损害，这些都是负外部性的具体体现。可见，负外部性是指一种经济行为给他人造成了消极影响，从而致使他人成本增加、收益下降。正如萨缪尔森所说，负外部性是无意识的但却是有害的经济行为。

查尔斯（Charles）曾列举了外部性的16种常见的表现形式，其中有8种正的外部性和8种负的外部性。他所列举的负外部性现象包括乱扔垃圾、吐痰等；工厂产生污染（水、气、噪声等）；汽车排放废气、噪声、抢占人行道；车祸导致他人无辜受害；滥用森林、土地等自然资源；麻将声或音乐声妨碍他人休息；公共场所高谈阔论；高楼挡住较低建筑物的阳光。正外部性现象包括自己注射防疫针，减少传染他人的机会；发起减少奢侈、推行礼貌等社会运动；整洁自己的住宅与美化庭院；兴建孤儿院、养老院等非营利事业；教育子女谦恭有礼、遵纪守法；举办免费的学术演讲或音乐会；在办公楼前设置时钟与温度计；音乐爱好者欣赏当演员的邻居在家练唱。对于外部性的种种表现，没有人能够穷尽列举。

就非经济因素而言，外部性的存在会影响我们每个人的日常工作、学习和生活。从经济上讲，这将降低资源分配的效率。在正常情况下，生产领域的负外部性将导致一些商品供应过剩，而生产领域的正外部性将导致一些商品供应不足。因此，在消费领域，具有负外部性的消费者行为经常导致一些商品的过度消费，而具有正外部性的消费者行为经常导致一些商品的消费不足。外部性造成的过度供应、供应不足、过度消费和消费不足是资源的浪费，将导致社会福利的损失。因此，研究外部性理论的目的是探索外部性的本质特征和内在规律，以便制定更好的外部性政策。

综上所述，外部性是一个重要的概念，具有丰富的内涵和研究价值。外部性理论不仅涉及中国实际的人口、生态和环境问题，还涉及公共产品的效率和制度安排。因此，开展外部性理论研究具有重要的理论和现实意义。

②外部性的特点

A. 外部性是独立于市场机制的特定属性

外部性的影响并不通过市场发挥作用，也不属于买卖双方的关系。换句话说，市场机制不能补偿产生正外部性的制造商，也不会惩罚产生负外部性的制造商。否则，如果市场机制能够自动惩罚生产污水的化工厂，并补偿附近受损的饮用水工厂，就不会有这样的外部缺陷。

B. 外部性具有伴随性

也就是说，外部性只是生产过程中的伴随物，不是故意制造的。外部性是伴随着生产或消费而产生的某种副作用，它是市场机制容许生产者或消费者在作出决策时可以忽视的行为结果。

C. 外部性和受益者之间也存在某种相关性

外部性的影响不一定清楚地表达出来，但它必须具有积极的福利意义。当受益人对外部性并不漠不关心时，它才是相关的，否则，就不是相关的。例如，当地铁交通让你感觉更方便出行时，它有积极的外部性，但是如果你忽视它，你不能说它有积极的外部性。

D. 正外部性也有某种强制性

在许多情况下，不管你是否同意，你都必须接受正外部性。显然，这种强制不能通过市场机制来解决。

E. 负外部性不能完全消除

尽管市场机制无能为力，但政府干预的作用也是有限的。理论上几乎不可能完全消除负外部性。

③外部性的影响

外部性的存在造成社会偏离帕累托最优状态，使市场经济机制不能有效实现其优化资源配置的基本作用。规避外部性引起的市场失灵主要的方式是外部性内部化。外部性内部化是通过制度安排经济主体经济活动所产生的社会收益或社会成本，转为私人收益或私人成本。因此，政府的政策调节是解决外部性问题的重要手段。众所周知，负外部性意味着经济活动主体将其部分成本转嫁给了社会，由此导致其产品的成本偏低。正外部性意味着经济活动主体将其部分效益让渡给了社会，由此导致该经济主体增加额外的成本而产生部分效益受损，投入与产出不能实现平衡，进而产生的影响波及多个方面。

（2）煤炭清洁利用具有正外部性

煤炭清洁利用旨在提高煤炭的能源效率，减少温室气体等污染物的排放，实现煤炭清洁的有效利用。煤炭清洁利用相关产品的提供对于整个社会的总福利远大于生产者获得的经济效益，中间的差额部分就是对社会福利的正外部性效益。因此，从资源节约、环境友好及社会经济可持续发展的视角来看，清洁煤具有较强的正外部性。

煤炭清洁利用的技术创新具有外部性，存在"溢出效应"。技术创新其实质上就是技术知识的生产，与一般企业的生产过程不同，它不仅以新产品、新工艺形式呈现，而且还蕴含了新的知识。技术创新的成果进入市场后，因信息的溢出作用，高利润驱使其他企业运用正规或非正规渠道获取技术创新的成果，独占知识随之外溢成为"公共知识"。

那么，煤炭清洁利用要得到充分发展，必须解决煤炭清洁利用发展外部性内部化的问题。因此，政府部门必须指导煤炭清洁利用发展，运用宏观调控措施给予政策扶植和管理。在煤炭清洁利用发展中，政府的政策成为解决煤炭清洁利用正外部性内部化的途径。

2. 正外部性内部化与规避市场失灵

显然，只有市场机制能够与降低能耗和环境友好相一致的时候，才能弱化乃至消除实现经济、社会、环境效益的优化过程的各种问题。我们必须清楚地认识到，当前面临的环境资源挑战主要是由市场机制与发展目标高度不匹配引起，政府的基本责任不是用行政方式推动循环和节约，而是改造市场、规范市场，使市场能够包容循环和节约的发展目标。

由此产生的一个问题是，需要改正当前市场的什么缺陷。从理论上讲，调高能效和循环经济也是有投入产出的。如果投入的资源大于资源收益，那么这种经济活动就是无效的，是伪循环、伪节约。反之，在社会获得资源净收益的情况下，相关的循环经济和资源节约活动就是值得的。一般而言，资源的净收益也意味着经济利益上的净收益。另外，资源上的投入产出也可以是跨期的，可能是现在的投入与未来的收益之间的关系，也可能是现在的消耗与未来的代价之间的关系。这里不考虑社会净收益为负的情况。但即使是社会净收益为正，也不见得能够成为经济生活的现实。如果存在市场缺陷，资源节约、循环利用等环境友好的经济活动就会遇到阻力。

从资源节约、环境友好及社会经济可持续发展的视角来看，清洁煤具有正外部效应，这意味着清洁煤技术产品消费的整个社会的总福利远大于生产者的经济利润回报，其投入产出不能得到平衡，中间的差额部分就是对社会福利的正外部性收益。这部分正外部性收益产生于煤炭清洁利用技术的研发应用企业，根据帕累托最优策略，企业必须得到补偿。政府应当全面、灵活地运用经济手段，对参与竞争的市场主体带有外部性的经济活动进行调控。在体现各方利益的前提下，为市场机制有效地发挥作用提供良好的投融资环境和政策保障。这种财政税收的补偿不仅有利于直接增加政府对煤炭清洁利用技术发展的投入，降低企业研发推广成本，而且起到了稳定市场和拓宽行业前景的作用，激发社会各方面加强对煤炭清洁利用技术的民间投入，从而拓宽融资渠道，扩大总体规模，促进煤炭清洁利用技术的产业进程。

煤炭清洁利用技术的外部性属性决定了在市场初期政府干预经济时其必将与市场作用力产生相互影响，而这种影响决定了政府行为的影响能力和效果。为此，需要讨论政府出台的监管政策与市场机制的相互作用关系。煤炭清洁利用发展能够集政府宏观政策与市场机制作用的共同影响，形成对煤炭清洁利用发展的作用力。依据系统自组织理论，政府宏观政策和市场机制的共同作用力与市场化程度近似于服从 Logistic 函数，即政府宏观干预作用力在市场化程度低时占据首要，而当市场化程度较高时政府影响力减弱，退为次要影响因素。二者之间的相互作用会随着两个因素的此消彼长而呈现一条缓和的"S"曲线。同时，根据微观经济学有关市场存在市场失灵的情况的理论认为，政府需要运用宏观政策干预一直贯穿于技术发展的整个过程，无论是市场化初期，还是市场化程度很高时。

随着市场化程度的不断提高，政府管理影响力将逐步下降。当市场化程度较低时，技术发展正处于启动和研发阶段，发展受到的阻力较大，需要政府干预的力度较强，政府在这一时期的行政作用力就大，政府监管作用处于主导地位。世界各国在煤炭清洁利用技术发展的初期都采取国家干预，制定发展战略规划，出台相关政策法规规制煤炭清洁利用技术的发展和应用等。相反地，当技术市场化程度较高时，在市场利益的驱使下，市场主体的经营活动频繁，市场机制的作用力逐步强大，政府应该逐步退出对该行业的干预，由市场机制起主导作用。

可以说，中国煤炭清洁利用技术的发展方向就是向着煤炭清洁利用技术的市场化、产业化发展。

政府管理机制影响力与市场作用机制相当，这是一个关键的过渡时期，判断这一时期的出现是需要政府的决策者把握的。因为政府管理机制逐步退出时机把握的准确与否，影响着煤炭清洁利用技术的进一步发展。不能忽视的是，无论技术市场化程度有多高，由于外部性、信息不对称等原因，市场机制作用会出现失灵的情况。宏观经济学的经典理论认为，市场机制存在市场失灵的情况，政府需要进行宏观干预，才能实现资源的优化配置。所以，政府对煤炭清洁利用技术的宏观干预需要持续性，其基本的监管职能会一直保持。

（二）可持续发展理论

1. 煤炭的资源利用可持续发展

煤炭工业的可持续发展是为了确保向国民经济的所有部门供应清洁丰富的煤炭、煤炭产品、电力和煤基化学品，同时利用市场机制，依靠科技进步提高煤炭资源的利用率，减缓矿区生态环境的恶化，实现矿区社会、经济、资源和环境的协调发展。因此，有限的不可再生煤炭资源不仅可以满足当代人生存和发展的需要，而且在使用替代能源之前也可以满足后代的需要。保持煤炭资源开发利用的相对速度和水平，使人类有足够的时间进行科技创新，开发替代能源，有序地将煤炭产业转移到替代资源。

（1）煤炭资源利用可持续发展的前提

①从时间而言

煤炭资源不能长期持续使用，煤炭工业可持续发展的主要意义应该是积极寻找替代能源，同时尽可能延长煤炭资源的可用时间，以便能满足后代的需要。同时，煤炭工业是我国国民经济的基础产业，具有典型的产业特征。

②从空间而言

煤炭工业的可持续发展主要集中在煤炭工业和煤矿区，其最终目标是实现煤矿区社会、经济、资源和环境的协调发展。

（2）煤炭资源利用可持续发展的内涵要求

当代人应该对煤炭资源的开发和利用持谨慎态度，以便有足够的时间进行科学创新和广泛推广替代能源，使人类在获取和使用"储备资源"之前能够继续使用这些资源。在开采过程中，尽可能减少煤炭资源的浪费，提高资源回收率，减少对其他资源（如土地和水）的相关破坏和浪费。提高煤炭产品的使用效率，充分节约经济，并通过技术进步充分挖掘现有煤炭资源的"附加值"。适当调整煤炭产业产品结构，重点培育资源综合利用、环保产品和低能耗产品。加强资源管理，规范矿业秩序。

2. 煤炭的生态环境可持续发展

（1）煤炭生态环境可持续发展的前提

众所周知，煤炭资源的开发利用对生态环境产生了许多不利影响，特别是广泛的开采方式，造成了煤炭资源的浪费和对周围生态环境的严重破坏，给人们的生活带来了许多负面影响。煤炭工业的可持续发展应以"可持续生态环境"为基础。生态环境的可持续性要求煤炭资源开发利用过程中的清洁生产和消费。因此，在资源开发过程中，利用清洁技术生产清洁能源和副产品是非常必要的，尤其是"清洁煤技术"，这是一种能够提高煤炭开采、加工、转化和利用效率，减少环境污染的新型清洁煤技术。用煤代替石油可以减轻中国石油资源开发利用的压力。

（2）煤炭环境生态可持续发展的内涵要求

第一，将环境问题纳入国家煤炭经济运行体系。

第二，进一步加大煤炭生产、加工、转化和利用过程中的技术改造，实现清洁生产。

第三，大力发展环保产业，综合利用。有效调整和改善能源生产和消费结构。

3. 煤炭的社会可持续发展

（1）煤炭社会可持续发展的前提

从空间角度来看，煤炭工业的可持续发展主要在煤炭工业和煤矿区，具有典型的产业特征。矿区的社会可持续性应充分考虑矿区的环境资源可持续性。基于平等原则，为后代保护煤炭资源基础，保护他们从资源利用中受益的权利和机会；为了在国家、地区和社会群体之间公平、平等地分配煤炭开采和利用的利益和成本。在实体市场经济中，煤矿已经成为最困难和最差的领域，而一些下游的煤炭产品行业使用煤炭却没有任何生态补偿，致使煤炭工业和其他工业之间存在着不平等。因此，我们应该实施"受益者分摊制度"，即下游工业企业（实际的受益者）在使用煤炭产品时应该承担部分资源补偿和环境管理费。

（2）煤炭社会可持续发展的内涵要求

第一，推进法治化进程。

第二，增加安全生产投资，降低事故率。

第三，改善煤矿工人的待遇（住房、工资等）。

第四，引进科技和管理人员，加强对原有员工的培训，大力提高矿区人口的教育水平和综合素质。

第五，实施资源立法和资源税制度改革，实现资源和社会财富的再分配，平衡产出区和受益区的利益，体现社会制度的公平和正义。

煤炭工业可持续发展的最终目的是利用市场机制，依靠科技进步，提高煤炭资源的利用效率，减少对生态环境的破坏，实现矿区社会、经济资源和环境的协调发展以及煤炭工业的可持续发展。

4. 煤炭的经济可持续发展

（1）煤炭经济可持续发展的前提

从经济学角度研究，可持续经济发展包括以下六方面内容。

第一，研究可持续发展经济学的基本原理、基本概念和基本范畴。

第二，研究生态经济社会复合系统的结构、功能和运行状态。

第三，分别研究形成生态经济社会复合系统的各自的经济条件、经济关系和经济机制。

第四，研究使生态经济社会复合系统由不可持续发展向可持续发展状态过渡过程中以及维持系统处于可持续发展状态所具备的运行条件、运行秩序及运行规则。

第五，对生态经济社会复合系统由不可持续发展向可持续发展状态转变，对可持续发展状态运行产生的综合效益及其成本收益状况进行分析和综合评价，并建立可持续发展经济指标体系。

第六，在对可持续发展的经济系统的运行规律进行系统探索的同时，对社会系统和生态系统实现可持续发展所需要的经济条件、经济关系和经济机制也进行系统研究。

煤炭工业可持续发展的"需求"是向国民经济的所有部门提供清洁、高效和高质量的煤炭、煤炭产品、电力和煤基化学品，这也是煤炭工业可持续发展的前提。煤炭工业的经济可持续性涉及两个重要问题，即煤炭生产的可持续性和煤炭开采的营利性。由于储存的煤炭数量有限，区域煤炭产量下降，这直接影响了其经济地位。煤炭经济的可持续发展是整个煤炭工业可持续发展的核心内容。煤炭经济的发展对资源的利用以及环境保护矿区的人口和社会发展有很大影响，这是其他部门可持续发展的基础和保障。

（2）煤炭经济可持续发展的内涵要求

第一，进一步扩大对外开放。

第二，制定科学的煤炭行业管理制度。

第三，加快煤炭产运销企业改制、改组步伐。

第四，建立稳定可靠的煤炭经济运行资金保障。

第五，培育和完善煤炭市场，规范流通秩序，协助企业建立适应市场经济需要的煤炭营销体系。

可持续经济发展是一种合理的经济发展形态。通过实施可持续经济发展战略，使社会经济得以形成可持续经济发展模式。在这种模式下，正确地在经济圈、社会圈、生物圈的不同层次中力求达到经济、社会、生态三个子系统相互协调和可持续发展，使生产、消费、流通都符合可持续经济发展要求，在产业发展上建立生态农业和生态工业，在区域发展上建立农村与城市的经济可持续发展模式，其本质是现代生态经济发展模式。可持续经济发展是研究生态经济社会复合系统由不可持续发展向可持续发展状态转变，以及维持其可持续发展动态平衡运行所需要的经济条件、经济机制及其综合效益。

第二节　煤炭加工技术的创新与发展

一、煤炭气化技术的创新与发展

（一）煤气化概述

1. 煤气化的内涵及意义

煤气化的定义就是，煤在一定的压力与温度之下，再加入气化剂之后，转变为煤气的过程。在整个反应过程中，以煤作为载体，以空气、氧气、水蒸气等作为气化的介质，利用煤的热解反应以及燃烧反应与气化反应生成煤气。

煤气化是目前很多高新技术的关键所在，也是高效利用煤炭技术与煤炭清洁的主要技术之一，在很多领域都有涉及，例如煤气联合循环发电技术、以煤制气技术、燃料电池等。在制取燃料气时的主要反应是燃烧反应、水煤气反应以及二氧化碳还原反应。在制取原料气时的主要反应就是水煤气反应以及燃烧反应。

2. 煤气化的分类标准以及类型

关于煤气化工艺种类的分类标准有很多，自然分类的类型也就会有很多。就一般气化工艺分类的依据，大多是依据燃料种类以及形态进行了以下划分。

第一，以原料的不同进行划分，可以分为液体燃料气化、气体燃料气化、固体燃料气化、混合燃料气化等。

第二，以入炉煤的颗粒级别进行分类：煤粉气化、小颗粒煤气化、块煤气化等。

第三，以气化过程的操作压力为主进行分类：常压或低压气化（0~0.35兆帕）、中压气化（0.7~3.5兆帕）和高压气化（7兆帕）。

第四，以排渣方式为主进行分类：干式或湿式排渣气化、固态或液态排渣气化、连续或间歇排渣气化。

第五，以气化过程供热方式进行分类：外热式气化（气化所需热量通过外部加热装置由气化炉内部释放出来）和热载体（气、固或液渣载体）气化。

第六，以入炉煤在炉内的过程动态进行分类：移动床气化、流化床气化、气流（夹带）床气化和熔融床（熔渣或熔盐、熔铁水）气化。

第七，以固体煤和气体介质的相对运动方向进行分类：同向气化或称并流气化、逆流气化。

第八，以反应的类型为主进行分类：热力学过程、催化过程。

第九，以过程的阶段性为主进行分类：单段气化、两段（单简、双简）气化或多段气化等。

第十，以过程的操作方式为主进行分类：连续式、间歇式或循环式气化等。

（二）煤炭气化的用途与方法

1. 煤炭气化的用途

（1）充当工业原料

所谓工业炉、窑中的窑和炉本无多大的区别，同样都是对工业原料进行加热的设备。一般认为，用于对金属热加工和加热水的设备称为炉；用于硅酸盐工业的热加工设备称为窑。用煤气加热的工业炉、窑，称为煤气工业炉、窑。煤气作为工业燃料，可以用于下面的工业炉、窑。

高温干馏生产系统中设有煤气发生炉，生产低热值煤气，用于干馏炉的加热。除此之外，焦炉也可以用焦炉煤气或水煤气采用水煤气炉生产，煤气组分中一氧化碳和氢气的含量>80%，热值>10兆焦/平方米（标）加热。

加热炉由于对金属加热，其燃料主要是化石燃料，如煤、石油和天然气。但是为了更合理和有效地利用燃料，往往是把燃料加工或改质后再利用，如将煤制成发生炉煤气再利用。在冶金联合企业中，一般可用焦炉煤气、高炉煤气和转炉煤气等副产煤气作为加热炉的燃料气。

高炉煤气是炼铁过程中的副产品，其煤气组成与高炉燃料和所炼生铁的品种有关。这种煤气的质量较差，但产量很大，每生产 1 吨生铁可得到 3500~4000 立方米的高炉煤气，即高炉燃料中的热量约有 60% 转为高炉煤气。因此，充分有效利用高炉煤气对节约能源有重要意义。高炉煤气是冶金工业中重要的二次能源。为了提高其燃烧温度，通常与高热值煤气混合或与重油混烧；有时也将空气和煤气的温度提高，以达到预期的燃烧温度。

工业窑包括立窑、隧道窑、回转窑及玻璃熔窑等，多用于建筑材料、有色冶金和硅酸盐行业。这些窑可以采用固体燃料（如煤炭）、液体燃料（如重油）和气体燃料（如煤气、天然气和液化石油气）进行加热。一般来说，采用液体和气体燃料时的热效率高于固体燃料。采用气体燃料时，煤气的成本最低，20 世纪 90 年代，一些陶瓷厂原采用液化石油气为燃料，目前已纷纷转向采用煤气。以煤气为燃料虽然设备投资较高，但运行成本较其他气体燃料低。

另外，以陶瓷为例，要烧出高质量的陶瓷必须采用气体燃料。20 世纪 80 年代中期，陶瓷行业逐步认识到了这一点。采用气体燃料，在隧道窑内可以去掉窑炉中的火焰隔墙或匣钵，采用明焰燃烧（即火焰直接接触陶瓷工件），故而提高了窑炉的热效率。所谓火焰隔墙是在窑内纵向设一道隔墙，使烟气与工件隔开；匣钵是套在工件外的一个耐火材料盒，以免火焰与工件接触污染工件。以上两种措施均不利于热量传递，降低了隧道窑的热效率。

（2）生活燃料

民用煤气也称为城市煤气（除液化石油气和天然气外），是目前人们所喜用的一种生活燃料，可用于烹饪、烧水、采暖等。城市煤气给人们生活带来很多方便，但是使用不当可能会带来较大的危害。煤气是有毒和易燃易爆的气体，因此不得有丝毫泄漏。

（3）化工原料

由煤炭制取的气体可分为燃料气和合成气两大类，通常化工原料基本是依赖于石油炼制产品的石脑油，所以形成了庞大的石油化工行业。一般来说，用合成气作为化工原料是适合且方便的，从乙烯等基本化学产品直到氨基酸等精细化工产品都可以用一氧化碳来合成，于是形成了以煤制合成气和甲醇为主要原料，生产有机化工产品和合成燃料的新一代煤化工"碳—化学"合成技术。利用一氧化碳合成含氧化合物和含氮化合物的工艺方法已经工业化。

（4）热力循环

在热力循环中，一种工作介质能达到较高的吸热温度，但不一定能达到较低的放热温度，反过来也是如此。联合循环就是把在中低温区工作的蒸汽轮机的朗肯循环和在高温区工作的燃气轮机的布雷登循环联合起来，组成一个循环系统，由于燃气的初温可以达到1200℃~1500℃，蒸汽做功后的终温可以达到40℃~50℃，实现了热能的充分利用，使总的循环效率得以提高。

2. 煤炭气化的方法

（1）地下气化方法

①相关概念及意义

煤的地下气化法就是对地下煤层直接进行气化，将煤的开采和转化集于一体的技术。这种气化工艺不需要与煤的开采、加工以及气化有关的各种设施，也减少甚至省却了地下作业过程，降低了投资费用和生产成本。此外，地下气化只向地面输出清洁能源，气化后的灰渣仍滞留地下，大幅度减轻了煤矿开采和地面制气时对环境所造成的污染。还有，对于各种类型的煤，地下气化方法都能适用。尤其是对在技术和经济上不值得开采的煤，如低品位、高硫分、过薄及过深的煤层，或是从安全性考虑不适宜开采的煤，如过于陡斜、多断层、顶板状况危险的煤层，都可以进行地下气化，从而提高煤炭的可采储量。

由于地下煤层的构造复杂，且随着气化过程的推移不断变化。但通过长期的研究工作，已成功开发出一些地下煤气化的技术，并获得了一些地下气化的规律。

②地下煤气的工作原理

进行地下煤气化时，将气化剂（空气、氧、水蒸气）通过钻孔送入地下煤层的反应区，使煤发生燃烧和气化反应，从而获得煤气。可见，地下煤气化的原理与一般的煤气化原理相同。

在煤层上方的地面开掘两个钻孔直通煤层下部，并开凿一条水平通道将两钻孔底部连通，两个钻孔与水平通道所包围的煤区即为地下煤气发生炉。其中一个钻孔为气化剂注入通道，生成的煤气则由另一钻孔排出。在气化剂注入钻孔的底部时，着火的煤层遇到注入的氧后，形成燃烧区并生成二氧化碳和水。接着，高温气流沿水平通道向前流动进入气化区，生成的二氧化碳和水与灼热煤层反应，其终端是在煤层温度降低至还原反应停止的地方，即干馏和干燥区的始端。由气化区来的热气体使煤干馏和干燥，生成的干馏产物混入气流中成为产品煤气排出。产品煤气为低或中热值煤气，它的主要成分是氢气、一氧化碳、二氧化碳、氮。

在地下气化时，燃烧、气化、干馏和干燥的区间不是固定的，而是随气化过程的进行缓慢移动变化，残存的灰渣留在原处。此外，煤层的燃烧和气化反应不仅沿着水平通道方向推进，在煤层的底部向上方向也有类似的变化。为了防止长时间仅由一个钻孔鼓风燃烧引起的煤层严重变形塌陷，可轮替地向另一个钻孔供给气化剂，与此相应，生成煤气也交替地从另一钻孔排出。

③地下煤气化的方式

地下煤气化方式一般分为两种，即有井式和无井式。有井式地下气化方法需要开凿竖井和在地下挖掘水平通道，可分为室式、钻孔法和气流法三种。室式就是用贯通的水平通道将两个竖井连接在一起。钻孔法在煤层底部先开凿两条相距约 150 米的相互平行的水平通道，再在通道之上钻出一列间隔 5 米，直径 100 毫米直达通道的孔，然后沿水平通道垂直方向将两条水平通道贯通，建立气化通道。气化时，向一列孔输入气化剂，另一列孔则成为煤气输出管道，该方式比较适合于水平煤层。

钻孔法主要包括从地面向煤层打钻孔和在煤层中进行气化贯通两个部分。钻孔的形式有三种：垂直钻孔、倾斜钻孔和弯曲钻孔（曲线钻孔）。当不能用垂直钻孔时，或者在必须将钻孔布置在气化区上部岩层移动带以外的情况下，就需要使用倾斜钻孔。弯曲钻孔则在特殊情况下使用，例如沿煤层走向或沿缓斜某一方向钻进气化通道时。

气流法较适合于陡斜煤层，它是顺着煤层的倾斜角开掘长约 66 米的斜竖井，两井间隔 110 米，井底贯通，煤层厚 2 米，一个气化区约 1.2 万吨煤。在一片煤区可以开掘多组竖井同时进行气化，大量的地下作业以及水平通道空间随着气化过程的进行不断扩大，引起崩塌堵塞气化空间是有井式地下气化的主要问题。

无井式地下气化方法不需要开凿竖井和挖掘水平通道等地下作业，只需先向煤层钻孔，再设法贯通钻孔之间的煤层。这种方法减少了大量的开凿挖掘工作，是正在致力于开发的方法。逆向燃烧火力渗透法是比较简单的一种，在煤层中钻若干个间距为 20~40 米的孔，这些孔可在地面上排列成一个圆。每两个孔之间，利用煤层的天然孔隙和裂缝所具有的渗透性将两孔贯通，形成气化通道。贯通时，将一个钻孔下的煤层点燃，并从另一钻孔送入空气。由于气流运动方向与火焰面移动方向相反，称为逆向燃烧。火焰移动方向前锋面的煤与逆向渗透扩散过来的氧气接触后燃烧，并将氧气消耗，使得火焰后方的煤层难以燃烧，这样就形成一个直径约为 1 米的通道将两孔贯通，其贯通速率可达 3 米/天。逆向燃烧法贯通要求煤及煤层具有良好的透气性。气化时的过程与上述相同，点燃一个孔的煤，并鼓入空气，煤气从另一个孔排出。煤气组成和热值与有井式地下气化方法接近。

除了逆向燃烧法贯通外，常用的贯通方法还有电力贯通法、水压贯通法、气压贯通法和定向贯通法。

电力贯通法是把电极按一定间隔装在钻孔煤床上，电极间通小于 6000 伏电压，利用煤的导电率使煤碳化，从而形成高渗透性通道。贯通速率为 2~4 米/天。主要问题是定向性差，难以控制。电力贯通法也可作为逆向燃烧法的先头工序。

水压贯通法是将添加砂粒的高压水流从钻孔注入煤层中，使煤层压裂形成裂缝。由于煤层裂缝中渗入了水流中的砂粒，即使泄压后裂缝也不会合拢。水力贯通方法的问题也是难以控制，一般在火力或电力法行不通时使用，其贯通速率更快。

气压贯通法是通过在地下煤层中注入氧气或空气，使其在缺氧条件下进行部分燃烧，从而产生可燃气体。这种方法利用了煤的地下气化原理，通过控制气压和气流，实现煤层的均匀气化，进而产生可用于能源或化工原料的气体。

定向贯通法是采用定向钻孔方法按要求钻出气化通道，是一种有效可靠的新技术，但成本较高。装有导向传感器装置的钻头接近煤层时，能按预定方向拐弯，进入煤层后即按煤层水平方向钻进。

④影响地下煤气化的因素

影响地下煤气化的因素很复杂，主要有煤的性质、煤层和围岩结构状况及工艺操作条件等。

采用地下气化方法时，要使用渗透性强、膨胀性小、质地疏松和活性好的煤，才能保持气化通道的畅通，提高反应速率，获得质量较好的煤气。煤的渗透性随煤的品位而变，褐煤的渗透率为烟煤的 1000 倍，无烟煤的透气性最差。膨胀性小的煤在加热时易破碎成小块，气化时不易堵塞煤层中的气化通道。因此，活性较高、透气性能较强的褐煤、烟煤都可以进行地下气化，而无烟煤、焦煤以及强黏结性的烟煤则难以进行地下气化。

气化过程中煤层围岩发生破碎塌陷，若有限的塌落物充填在采空区中，缩小气化空间，有利于气流与煤层表面的接触与反应。但若塌落物的块度很大，塌落时形成的岩石裂缝会造成气流短路，不利于气化反应，严重时可能堵塞气化通道。

适量的地下水流入产生的水蒸气促进了水煤气反应，煤气热值增大。但是过多地下水涌入气化区又将降低气化温度，不利于气化反应，使煤气热值下降。显然，大量的地下水涌入会造成气化区熄火。

鼓风量的多少控制气化温度和煤气热值。随着流入水的增大，提高鼓风量可以保证流入水完全蒸发，并提高气化区的温度，煤气热值也相应提高。但鼓风量过高，煤气的热值反而下降。

周期性地改变操作压力可以明显提高煤气质量、热效率和气化效率，并减少热损失。压力的周期变动使得气流速度也随之变化，改善了传热传质的状况。周期变化压力实现的方法，一是保持入口鼓风速度不变，循环地打开或关闭煤气出口阀门；二是交替打开或关闭入口及出口阀门。

地下气化通道较长时，各个反应区较完整，有利于气化反应的顺利完成。但通道过长会降低气化温度，不利于还原反应。较短的通道使干馏区减少或消失，减少煤气中的甲烷含量，煤气热值降低。

（2）移动床气化方法

①发生炉煤气温度区域

采用蒸汽和空气的混合物作为气化剂，在常压移动床煤气发生炉内进行气化，产生的可燃气体称为混合发生炉煤气（简称发生炉煤气）。目前，发生炉煤气在工业上得到广泛应用。发生炉煤气的主要可燃成分是一氧化碳和氢气，体积分数约为40%，还含有不定量的干馏产物，如甲烷、不饱和烃等碳氢化合物。由于发生炉煤气中含有约50%的惰性组分氮气，以及少量的氧和一氧化碳，所以煤气的热值不会很高，因此发生炉煤气属于低热值煤气。

煤气发生炉（或称气化炉）是实现煤气化过程的制气设备，其外壳主要由钢板制造的圆筒形炉体、加煤装置和排渣装置等部分组成。考虑到工艺的简便和热传递效果等因素，发生炉煤气制造是一个逆流过程，即煤从气化炉上部的加煤装置输入炉内，移动方向自上而下，并由炉膛下部的炉栅支撑，而气化剂从气化炉下部送入炉内，向上流动，气化反应生成的煤气经煤层上方的煤气出口引出，煤气化后剩余的灰渣由排渣装置排出炉外。

当供入炉内的煤粒自上而下移动时，会和自下而上的热气体相遇。煤粒在气化炉内要经历几个温度自上而下逐渐升高的区域，在不同的温度区域中，进行着不同的化学反应过程。这些不同的反应区自下而上包括灰渣、燃烧、气化、干馏、干燥等5个主要气化区域。

在气化炉中，事实上的分区并不是完全独立的，区与区之间相互交错，气化反应在整个物料层中错综复杂地进行着，但气化过程的分区有助于理解发生炉煤气的气化过程。产生的煤气最终由发生炉的煤气出口引出。根据移动床气化炉煤气出口位置的不同，可分为单段气化炉和两段气化炉。单段气化炉只有一个煤气出口，位于煤层干燥区上面的顶部。由于此时出口处煤气的温度较高，为370℃~590℃，干馏区中产生的油和煤焦油等会发生裂解和聚合反应，生成重质焦油和沥青。同时，高温煤气穿过煤层时产生的剧烈干馏会使煤发生爆裂，产生的大量煤尘被煤气携带出气化炉，导致单段气化炉的煤气质量比较差。两段气化炉有两个煤气出口，除了在干燥区上部的出口外，另一个位于气化区的顶部，一半的煤气产量从这个出口离开气化炉。因此，流经干馏区和干燥区的煤气量只有单段炉的一半，煤气的温度大为降低，阻止了重质焦油和沥青的产生，且可防止煤的爆裂，从而使得两段炉产生的煤气质量较好。

②影响发生炉煤气气化效果的因素分析

影响发生炉煤气气化效果的主要因素包括煤的理化性质，气化过程的工艺条件，如气化剂性质、气化温度及气化强度，以及气化设备的型式等。一般根据煤的性质来确定工艺条件和发生炉的构造，因此煤的性质是最主要因素。下面分析煤的性质和工艺条件对发生炉煤气气化的影响。

A. 煤的活性组分。煤的活性组分包括煤中的挥发分和固定碳。当以含有较多挥发物的烟煤制取发生炉煤气时，因为煤气中含有一些甲烷、不饱和烃等干馏产物，热值较高，但煤的气化产率较低。相反，采用挥发物含量较少的无烟煤制取发生炉煤气时，热值相对较低，而气化产率因碳含量高而相对较高。一般挥发分含量增加，煤气的产率随着减少，因为转变为焦油的数量增加。但是挥发分含量对煤气热值的影响还取决于干馏产物的组成和各组分的比例。例如，挥发分几乎相同的烟煤和褐煤，从褐煤制得的煤气热值明显高于从烟煤制得的煤气热值。研究表明，随着煤中固定碳的提高，需要更多的空气，煤气产率增加。随着煤的热值提高，气化强度增加；热值居中的煤气热值和气化效率较高。

B. 煤的惰性组分。煤的惰性组分有煤中的灰分和水分。采用相同的气化工艺条件时，灰分含量愈高，排渣量及未完全气化的灰分包裹的碳就愈多，排渣的热损失和灰渣中的碳损失就愈大，则煤气产率和气化效率降低。如果煤灰具有较强的熔融性、黏结性和结渣性，在气化炉中易结成大的渣块，使得排渣困难，影响气化生产，同时小颗粒的煤会被熔渣或黏结灰包裹成为排出物，也会增加碳的损失。显然，结渣性较强的煤种不适用于普通气化炉，一般要求煤的软化温度 ST ≥ 1200℃。如采用有黏结性或较易结渣煤为气化原料时，则发生炉中需装有破除燃料层黏结的搅拌装置，或适当提高蒸汽的耗量来降低炉温、预防结渣，但过分降低炉温又使一部分碳不能充分与气化剂反应而随炉渣排出。

煤中的水分含量高，用于干燥煤的热量多，煤的气化效率下降；煤中水分在快速加热时易使煤发生爆裂，导致煤气中的煤尘数量上升，带出物损失增大，煤气的产率减少，气化效率降低；部分未分解的水蒸气降低煤气质量，增加煤气冷却净化的工艺和废水处理的压力。同时，煤气出口温度下降，所以煤中水分的含量不宜多。

C. 煤的物理特性。煤的物理特性是指煤的机械强度、灰分和粒度。气化用煤应具有一定的机械强度，要求煤在冷、热环境中具有一定的抗破碎能力，防止煤在运输、加煤、加热过程中出现破碎，造成小颗粒煤被气流夹带，增加带出物的损失。小颗粒煤比表面积大，有利于二氧化碳的还原和水蒸气的分解反应，同时也改善了煤气质量。但料层的阻力增加，带出物相应增多，结渣可能性大，煤气产率和气化效率会降低。因此，入炉原料煤通常分为两级，大小分别为 6~13 毫米和 13~25 毫米。

发生炉中的气化剂是空气和水蒸气的化合物。由于气化剂中的水蒸气在炉内吸热分解，可降低炉温，有利于防止灰的结渣。但水蒸气过量或未分解时也会降低热效率和煤气的质量。通常，控制空气为水蒸气所饱和的温度来调节水蒸气的用量，饱和温度愈高，水蒸气的饱和含量愈大，炉内反应温度愈低。在正常气化过程中，饱和温度控制在 50℃ ~ 60℃，水蒸气的消耗量一般为 0.40 ~ 0.65 千克/千克（煤）。随着水蒸气耗量的增加，水蒸气分解量也增加，气化区温度下降，导致一氧化碳含量的减小速度大于氢气含量的增大速度，使得煤气的热值略有降低。水蒸气的分解率降低，即利用率会降低。增加水蒸气消耗量，可以防止结渣。小颗粒燃料比大块燃料需要消耗更多的水蒸气，这种方法适用于高灰低熔点的燃料，或者当气化炉的排渣能力较差时也可使用。

气化强度是指单位发生炉截面积上，每小时气化的燃料量，量纲为千克/（平方米·时）。提高气化强度，显然可以提高发生炉的生产能力，但也受到煤的性质、气化工艺及发生炉构造等因素的制约，因此应选择合适的气化强度。通常，发生炉的气化强度在 200~350 千克/（平方米·时），无烟煤挥发分少，煤结构致密，可采用较低的气化强度；干馏后的烟煤固相产物数量相对减少，其半焦或焦炭有良好的化学反应性，气化强度可取高一些。如果燃料的性质适宜采用较高的气化温度，气化强度也可以随之提高；反之，气化强度降低。在适当的气化温度下，提高气化剂的入炉速度可以获得较高的气化强度，煤气的生产能力提高。但过高的气流速度会增加流动阻力及带出物数量，甚至由于气体与燃料的反应时间缩短而使煤气质量恶化，因此，应根据燃料种类、气化温度及气化强度选择合适的气流速度，通常发生炉横截面的气流速度为 0.1~0.2 米/秒。

③水煤气的处理

水煤气是以水蒸气为气化剂，与碳反应所制成的煤气，其主要成分是氢气、一氧化碳和氮气，可作为化学工业的原料气及城市煤气的掺混气源。水煤气与发生炉煤气相比较，其特点是氮气含量很少，氢气含量和热值较高。由于水煤气中的主要可燃组分还是一氧化碳和氢气，煤气热值提高有限，仍然属于低热值煤气。

如果采用水煤气部分甲烷化技术，可进一步降低一氧化碳含量，催化合成乙烯，提高煤气的热值。为了得到一氧化碳+氢气与氮气之比为 3：1 的合成氨原料气，在水煤气生产中的气化阶段将空气与水蒸气一起送入发生炉，也可将吹风阶段燃烧后烟气与水煤气适量混合，使制得的煤气中含有合适的氮，这种加氮的水煤气称为半水煤气。

水煤气的制造原理是将整个反应过程分为吹风和制气，吹风阶段是空气中的氧气与碳的燃烧放热反应，反应所放出的热量蓄积在炉膛中，当蓄积的热量达到制造水煤气所需的温度时，鼓风，排出燃烧后的烟气；制气阶段是将水蒸气送入气化炉内，使蒸汽与炽热的碳进行吸热分解反应而生成水煤气。当燃料层温度下降至不利于水蒸气的分解反应时，停止蒸汽输入，重新向炉内送入空气，进行下一轮循环，这种制取水煤气的方法称为间歇式气化法。与理想发生炉煤气相同，理想水煤气的气化效率也达到了 100%。但生产中的水煤气制取过程与理想状态相差甚远，实际的气化指标与理论计算值有显著差别。

实际水煤气的制取过程与理想状态相差甚远。两者的主要区别在于生产过程中总是存在物质及热量的损失，化学反应也并不完全遵循理想条件进行，即碳不可能完全氧化成二氧化碳，水蒸气也不可能完全分解，因此实际吹风烟气和水煤气的成分组成和产率、气化效率及热值等气化指标均与理论计算值存在差异。

实际生产过程中的物质损失有飞灰和炉渣中未参与反应的碳损失。热量损失包括飞灰和炉渣等带出炉外的物理热、气化炉体的散热、吹风烟气和水煤气排出炉外携带的物理显热和气体中尚存的可燃物质的化学热，以及吹风阶段不完全燃烧存在一氧化碳损失的反应热等。此外，由于入炉的水蒸气流速高，在制气过程中炉膛温度水平逐渐降低，导致水蒸气不能完全分解，影响气化过程的进行。因此，水煤气的实际气化效率为55%~65%，低于发生炉煤气的气化效率。实际水煤气的组成除了氢气和一氧化碳之外，还包括以下气体成分：二氧化碳、甲烷、氧气、硫化氢、氮气以及水蒸气。这些额外的气体成分主要来自于气化炉和管道中，在吹风阶段剩余的烟气中，水煤气中的一氧化碳和水蒸气有可能发生变换反应形成二氧化碳和氢气，也可能增加水煤气中二氧化碳和氢气的含量，因此实际水煤气中氢气含量约为50%，基本与理想水煤气中的氢气含量一致，而一氧化碳的含量远低于氢气的含量。水煤气中的甲烷一般认为是在灰分中铁元素的催化作用下，碳与氢气进行的甲烷生成反应结果。

气化效率是反映气化效果的综合指标。间歇气化法制造水煤气的过程分为吹风和制气两个阶段，每个阶段均有各自的效率，水煤气气化过程的总效率是两个阶段气化效率的综合效应。

④水煤气的工作循环

水煤气制造过程需要提供热能，使炉膛保持适当的反应温度，以维持水蒸气的吸热分解反应。根据热量的提供方法，可以分为间歇式气化法，气化剂为空气和水蒸气；连续式气化法，气化剂为氧和水蒸气；外部加热法；热载体循环制气法。工业上一般采用前两种方法，属于内热式的气化工艺技术。我国主要采用间歇式气化法，工艺操作比较简单，但生产易出现周期性的间歇。随着空分技术的发展，连续式气化法已成为水煤气制取的发展趋势。

间歇式气化法主要由吹风和制气两个阶段组成一个工作循环，周期地送入空气和水蒸气，吹风阶段燃烧后的烟气和制气阶段生成的水煤气被分别引出。为了保证生产过程的安全和正常运转，一般一个工作循环中还有几个辅助阶段，分别为吹风阶段、蒸汽吹扫阶段、上吹制气阶段、下吹制气阶段、二次上吹制气阶段和空气吹扫阶段。通过控制各个阀门的开闭，完成不同阶段的生产运行。

实际生产过程中，选择合适的操作参数及工艺条件，能够强化气化过程，提高气化效率，获得质量较好的水煤气。为了缩短吹风阶段积蓄一定热量的时间，增加煤气发生炉的生产能力，一般在燃料许可范围内，总是采取提高鼓风速度的方法。鼓风速度提高后，燃烧反应得到强化，燃料层升温迅速，吹风气中的二氧化碳由于与燃料的接触时间缩短而不能充分还原，吹风气中一氧化碳含量较低，化学热损失减少，使吹风效率和气化强度均有所提高。鼓风实验数据表明，高风压、大风量、短时间的送风方法，积蓄在料层间的热量多，燃烧烟气中一氧化碳含量低。但鼓风速度过高，吹风气中的炉内带出物增加，煤气质量恶化。通常采用的鼓风速度为 0.5~1.0 米/秒。

A. 水蒸气速度。适宜的水蒸气速度与燃料层温度及燃料的活性有关。当料层温度一定时，降低水蒸气速度，水蒸气的分解率增加，水煤气中二氧化碳含量减少，过程的总效率有所提高。但也不能过低，否则煤气的生产能力下降。通常水蒸气速度保持在 0.05~0.15 米/秒范围内。如果采用高鼓风速度（约 1.5 米/秒）强化生产，可相应提高水蒸气喷入速度，约 0.25 米/秒。如果使用活性较高的燃料，可采用较高的水蒸气喷入速度，并缩短喷入的延续时间，从而提高煤气的产率和质量。喷入水蒸气的延续时间取决于它的分解率，当炉温降至使水蒸气的分解率开始急剧下降时，即制气效率也急剧下降时，停止喷入水蒸气。

B. 炉膛温度。提高炉膛温度，可以加速碳与氧的燃烧反应、水蒸气的分解反应以及二氧化碳的还原反应，从而大幅度提高了气化强度，促进了水煤气的生产能力。为此，需要回收被吹风气带出炉外的热量。通过在吹风气出口设置的蓄热燃烧室回收这部分热量，使得吹风效率下降有限。但过高的炉温可能产生结渣，不利于气化操作，因此炉温应控制在燃料的灰熔点之下。在煤种的限制条件下，总是尽可能提高燃料层的温度。

C. 燃料层高度。燃料层高度增加，可降低吹风气和水煤气的出口温度，使燃料层蓄积更多的热能，提高能量的利用率，但对煤气的组成影响不大。同时可以保持较厚的气化层，有利于煤气质量的提高，并适应高风量的操作条件。通常燃料层高度可控制在 1.8 米以下。当使用颗粒较小的原料时，由于热交换率增加，可适当降低燃料层的高度。

D. 循环时间。使用活性较高的燃料时，通常采用较高的鼓风速度和水蒸气喷入速度，吹风阶段和制气阶段的时间较短；反之，应延长循环时间。

对间歇式生产水煤气，一般采用不黏结、灰熔点较高，水分、挥发分和灰分较少，粒度均匀，机械强度高和热稳定性好的原料，这些特性对水煤气制取过程的影响与发生炉煤气基本相同。一般水煤气炉的气化原料是焦炭和无烟煤。低挥发分煤可以避免生产中形成的焦油等杂质对安全生产的危害。为适应高气化强度的需要，入炉煤的粒度要比一般气化炉大，也有用型煤作为入炉原料，可保证粒度均匀和较高的机械强度。与焦炭相比较，无烟煤的化学活性、机械强度及稳定性都较差，因此不是任何无烟煤都能用于制取水煤气，应作认真的选择。

⑤移动床加压气化工艺的特点

目前，广泛应用的移动床气化炉是鲁奇炉，与常压移动床气化床比较，主要有以下特点。首先就是气化强度和气化效率高。加压气化的生产能力非常大，如水分高于20%的褐煤，气化强度比常压气化炉高5倍左右，符合工业化大生产的要求。由于燃料在炉内停留时间长，高压条件有利于炉内的化学反应，出炉煤气温度低，气化效率可达75%~85%，甚至更高。其次就是热值升高。气化炉内在高压条件下能发生甲烷生成反应，煤气中增加了甲烷的含量，经净化脱除二氧化碳和变换一氧化碳的工艺后，净煤气热值达14~16兆焦/立方米。再次就是煤种适应性广。褐煤、烟煤、无烟煤和焦炭都可以气化，通常加压气化选择较多的是褐煤，以水分20%左右的褐煤气化效果最佳。而且对煤的灰分含量、灰熔点、机械强度和热稳定性的要求比常压气化低。最后就是可远距离输送。在中途不设加压站，2兆帕的气化压力能将煤气输送到150千米以外，有利于实现煤矿的坑口气化。还有就是空分装置大。加压气化采用纯氧，需要配备大容量的空分装置，投资及运行成本较高。

（三）创新型煤炭气化技术

1. 煤的太阳能气化技术

与传统的煤气化工艺相比，煤的太阳能气化技术具有不可比拟的优势。传统的煤气化工艺是依靠对煤的燃烧来完成热量反应的。这样的煤气化工艺不仅会浪费能源，更会加剧二氧化碳的排放量，造成空气的污染。

煤的太阳能气化技术改进了传统的煤的气化工艺。首先就是利用太阳能这一自然资源来聚集热量，然后直接辐射到煤气化的反应区，不会对周围的环境造成污染，更不会使气体产物被副产物的燃烧污染。在这一反应中不需要昂贵的纯氧，可有效降低成本。燃料热值的利用率也稳步提升，太阳能以化学能的形式储存在煤气中，便于保存。减少气化炉材料相关问题的出现，太阳能可以直接传递到反应区，突破热交器的限制。

对于当下已经实现工业化应用的煤气化技术，不仅具有一定优势，也存在一定的弊端。例如对于技术设备的要求高、环境污染严重，对于生成气的净化技术以及要求更是提高了，器材的消耗也增加了，反应温度高等不足之处。也正是因为这些不足，出现了国内外学者对于煤气化的研究，是提升煤的太阳能气化技术的重要动力之一。

2. 煤的催化气化技术

所谓煤的催化气化技术，就是指煤以固体的形式，将煤的分离与催化剂按照一定的比例混合在一起，使煤的表面所分布的催化剂与空气接触，并且再加上侵蚀开槽的作用，加快煤与气化剂的接触速度，也就加快了气化的反应。

与传统的煤气化技术相比，煤的催化气化技术的优势也就显现出来了。添加催化剂可以提升煤的气化效率与速度，可以在同一时间内进行多种合成。在催化剂的作用下，可以合成甲醇、甲烷以及氨等化工原料，减少了工业的流程与顺序，节约成本，实现经济效益的最大化。添加的催化剂可以提高气化的概率，以煤的催化气化技术实现煤的温和气化（气化温度降低200℃~300℃），对煤气化过程要求以及设备的要求有所降低，同时也降低了环境污染的可能性。

所以说，煤的催化气化技术是煤化工业技术的突破性的转变，更是日后的重点研究方向。关于煤的催化气化技术的研究也不是近年来才兴起的，在不同的历史时期，各自的研究重点也有所不同，当今将研究重点放在熔融盐催化剂以及复合催化剂上面。

3. 煤的等离子体气化

煤的等离子体气化是指煤在氧化性电弧灯离子体气氛中生成合成气的过程。其反应机理是，在通入水蒸气的低温等离子体中，含有许多高活性粒子和放射性物质，当粉煤加入等离子体中时，煤在高温下与活性粒子发生反应。

在该反应式中，等离子的作用既是充当热载体，又是充当参加化学反应的化学反应物。等离子体煤气化反应的优势就是环境污染低、煤种的适用范围广、反应速度快、煤的转换率高达94%~96%，所制气体中的氢气质量分数更高达54%~58%，正是因为这些优势的存在，使得国际上很多国家着手研究小型等离子体煤气化技术。不仅在国际上受到重视，中国的相关院校也开始对等离子体煤气化技术进行实验与理论研究。就目前的研究现状来看，想要将煤的等离子体气化技术应用在工业上，还是有很多的技术阻碍需要解决。

4. 煤的地下气化技术

煤的地下气化技术就是将处于地下的煤炭原地转为可燃气体的过程。煤的地下气化技术是煤气化技术的重要组成部分。这项技术是一项绿色能源的开发技术，对于环境污染小，资源利用率高，减少了浪费。这种技术是集建井、采煤、转换这三项工艺于一体，可以开采高硫煤以及劣质煤层，对于煤炭的开采技术也是一项突破。

煤的地下气化技术的发展前景十分可观，我国对于煤的地下气化技术也进行了研究与开发，并取得了一系列工业化的实验成果。尤其是中国的矿业大学对于煤炭地下气化模式的试验进行了大量的理论研究以及技术开发，更是提出了具有我国自主知识产权的技术工艺，并进行了产业化的应用。

5. 煤的核能余热气化技术

与太阳能气化相类似，煤的核能余热气化借助于核能或核能余热做煤气化的高温热源，气化过程不需要昂贵的纯氧，可以有效避免温室气体二氧化碳的释放，且核能集中辐射反应区能显著提高反应的热效率和燃料的热值。

二、煤炭液化技术的创新与发展

（一）煤炭液化概述

1. 煤炭液化的意义与用途

煤炭液化是指将固体的煤炭转化为便于运输和使用的液体形态的燃料、化工原料及化工产品。煤炭液化过程中可将煤中硫等有害元素及灰分都脱除，因此煤炭液化也是一种先进的洁净煤技术。由于对石油资源需求的日益高涨，石油变得不再丰富和廉价，成为紧张和短缺的一次能源。煤炭液化利用技术将丰富的煤炭资源转化为洁净的液态二次能源和化工原料，以替代石油在许多领域中的作用，既充分利用了资源，又为环境保护提供了有效的途径。因此，煤炭液化技术的应用和发展在国民经济中具有重要的现实意义和深远的战略意义。

煤和原油同属于矿物质燃料，其主要成分非常相似，都含有碳、氢、氮和硫等元素。由于煤组成的复杂性，以及因成煤物种、变质环境和变质程度不同带来的种类多样性，尤其是即使使用强极性溶剂，也几乎不能把未经任何处理的煤溶解得高聚合性，使得煤与原油的物理性质和化学组成存在很大的差别。因此，原油通过常压蒸馏或减压蒸馏的物理方法，在350℃以下可以分离出约占原油30%的汽油、煤油和柴油等轻质气态烃馏分，350℃以上的重馏分为润滑油原料或裂化原料，而煤中的轻质组分基本上被吸附在煤颗粒的微孔中，采用物理方法只能从煤中获得很少的轻质馏分。

与石油相比，煤具有 H/C（碳氢比）比较小，有机质分子大，以及富含结构复杂的芳环等特点。而且煤中的灰分及氧、硫、氮等杂原子的含量也较高。煤炭液化过程的实质就是破坏有机大分子结构，脱除各种杂质并提高 H/C（碳氢比）比的过程。

煤炭液化产品的用途主要是在两个方面，一是将煤炭转化为油品，可以直接为交通运输方面的发动机提供液体燃料。随着我国的汽车市场、工程机械和农业机械等方面的快速发展，发动机油的消耗量也大幅度增加，汽油、柴油将会面临越来越大的缺口。二是可以提供大量的化工原料。我国自己生产的乙烯、丙烯、聚乙烯、聚丙烯、聚氯乙烯、LPG 等原料供不应求，与市场需求之间差距较大。利用煤炭液化技术得到的化工产品，可弥补或减少进口量。

2. 煤炭液化的原理

煤炭液化是通过一系列的复杂化学反应将煤由固态转化为液态的过程。煤与原油、汽油等液态燃料相比，H/C（碳氢比）比例小、氧含量大、分子大且结构复杂。煤炭液化实质上就是提高煤炭的 H/C（碳氢比）比、破碎大分子和提高纯净度的过程。煤炭的液化技术可分为直接液化和间接液化。

3. 煤炭液化的技术方法

煤的直接液化是固体煤在合适的压力和温度条件下，通过加氢和催化作用，使煤中复杂的有机质大分子直接转化为小分子液体燃料，同时脱除煤中氮、氧和硫等杂原子的过程，也称为加氢液化。煤直接液化工艺的特点为，液体产品收率和热效率高，但加氢工艺过程的整体操作要求相对严格，其主要产品是优质汽油、柴油、航空煤油以及碳素化工原料。

煤的间接液化是先将煤进行气化，彻底破坏煤中的有机质大分子结构，转化成以一氧化碳和氢气为主的合成气，然后在一定的温度和压力下，通过催化剂的催化作用，再将合成气转化为液体燃料或化工原料的过程，也称为一氧化碳加氢法。煤间接液化工艺的特点为，液体产品收率低于直接液化，煤气化制气过程影响整体工艺的总效率，但煤种适用性较广，操作条件相对温和，煤中硫等有害元素以及灰分等可在气化过程中脱除。

两种液化技术虽然采用的工艺路线不同，但共同特征都是将固体原料煤转化为与原油性质相似的有机液体，并通过对煤液化油进行深加工后获得动力燃料、化学原料和化工产品。

除了直接液化和间接液化两种方法外，广义的煤液化还包括煤的干馏，也称煤的部分液化。但高温干馏、低温干馏或加氢干馏都是煤气化和液化工艺中的热解过程，其主要目的是制取工业中所需的焦炭、半焦或高热值煤气，其焦油收率较低。此外，煤液化技术研究中还有生物转化液化，但是由于其转化率低，该项技术尚未以一个独立的体系被列出。

目前，主要的煤转化方法包括煤的燃烧、高温干馏、低温干馏、气化和液化。

（二）煤炭液化技术的社会经济效益

煤炭液化能够带来液体燃料供应的增加，对于煤炭工业的持续发展具有积极意义。煤炭的液化还能够实现对其有害物质的脱除，产出的油品清洁；在充分利用煤炭资源的同时，既优化了我国的能源结构，又减少了环境污染，对于我国未来的建设和发展具有重要的战略意义。

当前，我国正在进入经济结构调整和产业结构升级的关键时期，对此来说，技术的升级则是其重要的基础，研发新技术、新工艺、新产品，以技术为依托，实现传统产业的转型升级，根据国民经济新的发展需求，调整工业结构方向或建立新的产业。

煤炭液化是煤炭行业中的高技术产业。西方发达的工业国家都将煤炭直接液化作为重要的能源储备技术，花费了大量的时间、资金、人力资源，研发新的煤炭液化工艺。南非则依托煤炭间接液化技术的产业化发展，不断对其进行改进和研发，取得了一定的成果。

能源工业是一个国家国民经济的基础产业。对于我国来说，煤炭工业是能源工业中的重要组成部分。长期以来，我国的传统煤炭工业在发展上过分关注产量，在开发、加工等方面都较为粗放。在技术研发方面的投入不足，造成了我国煤炭工业产品单一、经济效益低、抗风险能力差等问题，不利于煤炭工业的长期稳定发展。尤其是在我国产业结构转型升级的背景下，煤炭液化技术的研究和发展，对于改造传统的煤炭产业，实现煤炭工业产业结构转型升级具有重要的意义。

此外，煤炭液化技术的产业化发展，还能够带动相关化工产业的技术研发，带动装备制造、工程施工、催化剂等相关行业和产业的发展。我国的煤炭生产主要集中在中西部地区，在这些地区开展煤炭液化的工业化发展，能够有力地推动这些地区的经济发展，对于我国西部大开发战略的实施和东西部经济的协调发展具有积极意义。

（三）创新型煤炭液化技术

1. 创新型煤炭直接液化技术

（1）IGOR 工艺

IGOR 工艺也被称为德国 IG 煤液化工艺，发明于 20 世纪 80 年代，它是对煤炭直接液化的 Bergius 技术进行改进而形成的工艺。操作压力为 30 兆帕，反应温度为 450℃～480℃，固液分离改过滤、离心为真空闪蒸方法。该工艺能够将难以加氢的沥青烯留在残渣中，并通过气化利用其制氢。采用这一工艺，轻油和中油的产率能够达到 50%。

在 20 世纪 90 年代，德国矿冶技术及检测有限公司（DMT）对 IGOR 工艺进行了改进和完善，使其发展得更为先进。改进后的 IGOR 工艺将循环溶剂加氢、化油提质加工、煤的直接液化三者串联进一套高压系统中，从而避免了物料分离工序先降温降压后升温升压所造成的能量损失。同时，在固定床催化剂上，还能够将二氧化碳和一氧化碳甲烷化，从而在最大限度上降低碳的损失。经过这样的改进，液化厂的总投资可节约 20% 左右，能量效率也有很大提高。

IGOR 工艺包括煤浆制备、液化反应、两段催化加氢、液化产物分离、常减压蒸馏等工序。将原料煤粉碎，并对其进行干燥处理，之后将其与循环溶剂、赤泥催化剂混合，制备成煤浆并送入煤浆混合罐，煤浆中固体物质量浓度应在 50% 以上；利用泵将煤浆送入预热器，并使其与反应系统返回的循环氢和补充的新鲜氢气一起泵入液化反应器；反应器液化操作的环境为温度 470℃、压力 30 兆帕、反应器空速 0.5 吨/（立方米·时）；在经过高温液化后，反应器会从顶部将液化产物排出，并进入高温分离器，将液化产物中的轻质油气、难挥发有机液体未转化的煤等产物进行分离，重质产物则通过高温分离器的下部，经减压阀排出，并被送入真空闪蒸塔，重质产物在此会被分出残渣和闪蒸油并留在塔底，塔底的残渣会被送往气化制氢工序，利用其生产氢气；闪蒸油则从塔顶流出，并且与分离出的气相产物一同送入第一固定床加氢反应器。

加氢反应器操作温度为 350℃~420℃。加氢工序后的产物被送入中温分离器，并在此排出重质油，其由中温分离器的底部排出，由储油罐收集并将其返回煤浆混合罐中，以供循环使用；中温分离器分离出的馏分油则由顶部排出，送入第二固定床反应器，进行二次的加氢处理，并将产物送入汽液分离器，将加氢产物中的轻质油气分离，其被分离后送入气体洗涤塔，用于回收轻质油，并将回收的轻质油储存在储油罐内；富氢气体产物则从洗涤塔顶部排出，进入循环压缩机接受压缩，并返回工艺系统中，以供循环使用。为保持循环气体中的氢气在浓度上始终满足工艺要求，还需要补充一定的新鲜氢气。气液分离器底部排出的馏分油则被送入油水分离器，将其中的水分分离后，对其产品油则可以进行进一步的精制。

至此，煤炭液化油在两次催化加氢工序下，已完成了提质加工，其中的氮和硫含量已降到 10^5 数量级。因此，对其进行直接蒸馏即可得到直馏汽油和柴油。得到的直馏汽油只需重整，即可获得高辛烷值产品。得到的直馏柴油持续加入少量的添加剂，即可成为合格产品。

IGOR 工艺能够实现煤炭处理能力的最大化，通过将煤液化反应、液化油的提质加工设计在同一高压反应系统内，得到的是杂原子含量极低的精致燃料油。这一工艺还缩短了煤液化制合成油工艺过程，从而减少了煤炭直接液化过程中的循环油量、气态烃生成量、废水处理量。其他工艺的反应器空速为 0.24~0.36 吨/（立方米·时），IGOR 工艺的反应器空速则更高，达到了 0.5 吨/（立方米·时）。在反应器容积相同的情况下，IGOR 工艺的生产能力提高 50%~100%。IGOR 工艺制备煤浆使用的循环溶剂是工艺生产过程中产出的加氢循环油，这也使得溶剂在供氢性能上表现较好，能够提高煤炭的液化率和液化油产率。设置两段固定床加氢装置，能够降低成品中的稠环芳烃、芳香胺和酚类物质含量，从而使成品油质量得到提高。

（2）CTSL 工艺

CTSL 工艺即催化两段液化工艺。该工艺使煤液化油收率有了较大的提升，可达 77.9%。同时，与一段煤炭液化工艺相比，两段液化更加节约成本，下降约 17%。这一工艺增强了煤炭液化在技术性和经济性上的竞争力。

在该工艺的两段液化中，使用的都是具有较高活性的加氢和加氢裂解催化剂，这两段液化反应的反应器既是分开的，同时又有着紧密的联系。反应器通过对各自的反应条件进行控制，保证煤炭液化处于最佳的操作状态。CTSL 工艺使用的催化剂主要有 Ni-MO/Al$_2$O$_3$ 或 CO-MO/Al$_2$O$_3$ 等工业加氢及加氢裂解催化剂。采用沸腾床反应器，让催化加氢和催化加氢裂解在各自的最佳条件下进行。

　　CTSL 液化工艺的主要流程为：原料煤粉与循环溶剂在煤浆混合罐中进行混合制成原料煤浆。煤浆经预热后再与氢气混合并泵入一段流化床液化反应器中。反应器操作温度为399℃，该液化温度低于氢—煤工艺的液化反应温度（443℃～452℃）。由于第一段液化反应器的操作温度相对较低，使煤在较温和的条件下发生热溶解反应，这一过程有利于反应器内循环溶剂的进一步加氢。第一段液化后得到的产物被直接送到温度为 435℃～441℃ 的第二段流化床液化反应器中。由于一段液化产生的沥青烯和前沥青烯等重质产物在二段液化时将继续发生加氢反应，使重质产物向低相对分子质量的液化油转化，故该过程还可以部分脱出产物中的杂原子，使液化油的质量得到提高。从第二段液化反应器排出的产物首先用氢淬冷，以抑制液化产物在分离过程中发生结焦现象，淬冷过程将产物分离成气相和液相产物。气相产物经进一步冷凝并回收氢气及净化后，又返回到氢气预热器和液化反应器中。液相产物经常压蒸馏工艺过程可制备出高质量的馏分油。在常压塔底排出的液化残渣可直接送入残渣分离装置，从中回收高沸点的重质油作为循环溶剂，并返回炭浆混合罐中继续使用。残渣分离装置排出的固体残渣即为未转化的炭和灰分。

　　两段液化反应相结合的作用在于，促进一段液化产物进一步的加氢反应和残渣裂解，提高液化油收率。因此，严格控制二段液化反应的条件对于液化产物的选择和质量的控制具有重要的意义。

　　在 CTSL 液化工艺中，煤炭一段和两段液化反应器内分别装填有高活性加氢和加氢裂解催化剂，主要是 Ni-MO 或 CO-MO 催化剂。催化剂的活性、失活速率及其理学性质对煤液化油收率和液化产品质量都有重要的影响。在两段液化反应中使用同样的催化剂，也有利于工业化生产。将分散性的铁和钼金属化合物一起进行煤液化，煤转化率比单独使用任何一种催化剂时的转化率都高。

　　在这一工艺适当的范围内，通过降低煤炭的灰分，能够带来转化率的提高。在液化反应前对煤炭进行脱灰，能够减少液化后的残渣，从而降低分离残渣的成本。

　　对于煤炭液化的转化率以及产物的分布来说，温度是重要的影响因素。对于这一工艺来说，第一段反应器的温度通常是低于第二段反应器的。对第一段反应器的温度进行一定的提高，有利于增加该段液化产物沥青烯的含量和液化产品芳香度的提高。相关实验也表明，在第一段反应中，若反应器的温度低于 371℃，其转化率较低。若温度增加到 413℃，转化率则会提高。但是在这一温度状态下，没有液化的产品氢利用率都会降低。对于第二段液化反应，若反应器温度低于 441℃，转化率会随着温度的提高而提高，且氢利用率变化不大。而当温度高于441℃时，液化的气体产率增加，氢利用率降低。

溶煤比也会对煤炭的液化产生一定的影响，主要影响的是煤浆的输送、煤炭的热溶解反应、活性氢的传递等方面。溶煤比参数也是选择单元反应设备尺寸的重要依据。降低溶煤比有利于提高反应器有效容积利用率，同时也能够通过液化产物的形成，带来对液化反应动力效果的改善。

通过反应器底部的外循环泵能够实现对流化状态的调整。增加浆液的流速，能够对反应器内的循环状态进行加强，促进反应器内气态、液态、固态物质间的传热和传质，使反应器温度保持均匀。同时，较高的流速也能保证浆液中的颗粒不发生沉降，从而避免颗粒沉降导致的底部结焦等问题。

CTSL煤液化工艺与一段液化的氢—煤工艺、直接耦合的两段液化工艺相比存在较大的差别。与氢—煤工艺相比，其在第一段液化中的温度较低。CTSL煤液化工艺在第一段液化中温度设置较低的目的在于使煤在慢速下在循环溶剂中充分溶解，从而促进第二段液化反应。此外，较低温度的液化还有利于保证煤转化速率、溶剂加氢速率以及液化产品的适应性和稳定性，有利于降低对反应氢的消耗，减少气态烃的生成。

2. 创新型煤炭间接液化技术

（1）SASOL工艺

SASOL工艺是煤炭间接液化工艺，采用的是德国鲁奇加压气化技术，使用的设备主要是鲁奇气化炉。这一工艺采用的是固定床加压气化的方式，使用的煤料为5~75毫米的块煤，操作压力为2.8~3.5兆帕，用水蒸气和氧气作为气化剂。气化所得的粗煤气中含有一定的杂质，因此需要对其进行净化。在净化装置中，通过水洗对粗煤气中的灰尘和焦油进行去除，通过低温甲醇洗对粗煤气中的硫化氢、二氧化碳和烃类进行去除。

（2）SMDS合成工艺

SMDS合成工艺是一种新型工艺。其以较为廉价的天然气为原料，进行合成气（一氧化碳+氢气）的制取，再通过加氢、异构化、加氢裂化等过程，生产出以中质馏分油为主的产品。整个工艺过程可以分为两个阶段。第一个阶段是一氧化碳加氢合成高分子石蜡烃，使用的反应器为管式固定床反应器，利用公司自己研发的基催化剂（其热稳定性较好），高选择性地合成长链石蜡烃。第二个阶段是对石蜡烃进行加氢裂化或加氢异构化以制取发动机燃料的过程。使用的反应器为滴流床反应器，操作条件为温度300℃~350℃、压力3~5兆帕。通过反应，将重质烃类转化为中质馏分油产品，如石脑油、煤油等。对于产出的产品，可以根据市场需求变化进行调整和选择。

这一工艺的热效率较高，可达60%。同时，与其他间接液化技术相比，在经济上也具有一定的优势。虽然以天然气为原材料，但是通过合成气生产液体燃料，也说明利用煤气化生产合成气的方式生产液体燃料是可行的。

3. 煤炭液化产品处理技术

（1）煤液化粗油的提质加工技术

液化粗油提质加工工艺流程由液化粗油全馏分一次加氢部分、一次加氢油中煤和柴油馏分的二次加氢部分、一次加氢油中石脑油馏分的二次加氢部分、二次加氢石脑油馏分的催化重整部分这四个部分构成。

在一次加氢部分，将全馏分液化粗油通过加料泵升压与以氢气为主的循环气体混合，在加热炉内预热后，送入一次加氢反应器。一次加氢反应器为固定床反应器，采用 NiW 系催化剂［NiW 催化剂是一种由镍（Ni）和钨（W）组成的复合催化剂］进行加氢反应。加氢后的液化粗油经气液分离后送入分离塔。在分离塔内被分离为石脑油馏分和煤、柴油馏分，分别送入石脑油二次加氢和煤、柴油二次加氢。一段加氢精制产品油的质量目标值是精制产品油的氮含量在 $1000×10^6$ 以下。

煤、柴油馏分二次加氢与一次加氢基本相同，将一次加氢煤、柴油馏分，通过煤、柴油加料泵升压，与以氢气为主的循环气体混合，在加热炉内预热后，送入煤、柴油二次加氢反应器。煤、柴油二次加氢反应器也为固定床充填塔，采用 NiW 系催化剂进行加氢反应。加氢后的煤、柴油馏分经气液分离后送入煤、柴油吸收塔。将煤、柴油吸收塔上部的轻质油取出混入重整后的石脑油中，塔底的柴油送产品罐。煤、柴油馏分二次加氢的目的是提高柴油的十六烷值，使产品油的质量达到氮含量小于 $10×10^6$，硫含量小于 $500×10^6$，十六烷值在 35 以上。

石脑油馏分二次加氢与一次加氢基本相同。将一次加氢石脑油馏分通过石脑油加料泵升压，与以氢气为主的循环气体混合，在加热炉内预热后送入石脑油二次加氢反应器。石脑油二次加氢反应器也为固定床充填塔，采用 NiW 系催化剂进行加氢反应。加氢后的石脑油馏分经气液分离后，送入石脑油吸收塔。将石脑油吸收塔的轻质油取出混入重整后的石脑油中，塔底的石脑油进行热交换后进行重整反应。石脑油馏分二次加氢的目的是防止催化重整催化剂的中毒，由于催化重整催化剂对原料油的氮、硫含量有较高的要求，一段加氢精制石脑油必须进行进一步加氢精制，使石脑油馏分二次加氢后产品油的氮、硫含量均在 $1×10^6$ 以下。

在石脑油催化重整中，将二次加氢的石脑油通过加料泵升压与以氢气为主的循环气体混合，在加热炉内预热后送入石脑油重整反应器。石脑油重整反应器为流化床反应器，采用铂系催化剂进行催化重整反应。催化重整后的石脑油经气液分离后送入稳定塔，稳定塔出来的汽油馏分与轻质石脑油混合作为汽油产品外销。催化重整可使产品油的辛烷值达到90以上。将铂系催化剂的一部分从石脑油重整反应器中取出，送再生塔进行再生。

（2）煤液化残渣利用技术

煤炭在加氢液化后还有一些固体物，它们主要是煤中无机矿物质、催化剂和未转化的煤中惰性组分。通过固液分离工艺将固体物与液化油分开所得的固体物称为残渣。由于采取的固液分离工艺不同，所得的残渣成分也不同。液化残渣从发热量来说相当于灰分较高的煤；从软化点来说类似于高软化点的沥青，所以仍具有一定的利用价值。

煤液化减压蒸馏残渣的一种处理方法是通过甲苯等溶剂在接近溶剂的临界条件下萃取，把可以溶解的成分萃取回收，再把萃取物返回作为配煤浆的循环溶剂，能使液化油的收率提高5%~10%。溶剂萃取后的残余物还可以用来作为锅炉燃料或气化制氢。当液化残渣用于燃烧时，因残渣中硫含量较高，烟气必须脱硫才能排放，这样将增加烟气脱硫的投资及操作费用，所以最好的利用方式是气化制氢。

第三节　煤炭清洁高效发电技术的创新

一、超净煤联合循环发电

（一）超净煤的定义

"超净煤"（UCC）就是采用一些物理和化学的方法，将煤炭中的有害物质，如灰分、硫分以及一些其他有害物质清除后所得到的煤炭。将超净煤再进一步制成水煤浆或煤粉用作燃料进行发电，或作为内燃机或燃气轮机的燃料，不仅提高了动力设备的效率，也减少了对环境的污染。从制备内燃机或燃气轮机燃料的角度来看，超净煤的制备也可以说是选煤和水煤浆制备的联合技术。

（二）超净煤制备工艺

1. HF-HC（氟化氢-碳氢化物）脱灰法

所谓HF-HC脱灰法，其实就是原料煤在经过氢氟酸处理的基础上，再将盐酸作用于其中，分别经过洗涤、过滤、干燥这三个过程，这样就可以得到超净煤，这种超净煤的灰度比1%还要低。正是因为氢氟酸具备优异的渗透性，决定了它能够与深埋后的矿物发生反应，进而可以形成可溶性氟化物，并且可以和纯煤区别开，所以说，氢氟酸的脱灰效果是很明显的。而且硅的氧化物及硅酸盐在氢氟酸的作用下也可以基本消除。这样，像铝、镁、锰、钛、铁、钙、钠、钾甚至硫等成分也会产生氟化物而被除去。

原煤在通过氢氟酸处理之后，仍然会存在一些还未去除干净的金属氧化物，如氧化镁、三氧化二铁、二氧化锰等，但是这些遗存的金属氧化物通过进一步的盐酸处理后会基本去除。缺点是腐蚀设备、污染环境。为了探索这种方法的脱灰工艺，曾用 4 种煤做了实验，煤的入料粒度为 60 目，将其中 3 种煤的灰分降到 1% 以下，可见用氢氟酸降灰只要掌握合适条件，降灰效果基本上不受粒度的影响。

2. NaOH-HCl（氢氧化钠-盐酸）脱灰法

NaOH-HCl 脱灰法首先需要将研磨到一定程度的原煤进行苛性钠溶液处理，其次再经过盐酸处理，最后经过洗涤、过滤、干燥这三个步骤就可以完成了。并且按照这样的方法进行脱灰基本能保证所得的产品灰分都在 1% 之下，有的甚至可以达到 0.2% 之下。

其实，含硅化合物就是煤里面存在最多的成分。游离二氧化硅和大部分硅酸盐在苛性钠的作用之下，可以产生可溶性硅酸钠，进而可以被去除。其实，高岭土类化合物和一些硅酸盐放在一起后，再和碱发生作用，进而使一些不溶于碱但溶于酸的衍生物产生。事实上，很多金属氧化物和碳酸盐都能够溶于酸，再经过碱和酸这两方面的作用，可以将一部分的黄铁矿除掉。

苛性钠法较氢氟酸法污染小，相对来说这个方法不仅成本低，而且更加有利于治理。然而，化学方法相对物理方法来说价钱都是贵的。因此，为了节约成本，可以在进行化学处理之前，先进行物理处理。先用物理处理的方式脱灰，然后再用化学方法进行脱灰，进而可以更加深度地进行脱灰。

用苛性钠法已将两种煤的灰分分别降到 0.2% 和 0.5%，两种煤包括年老烟煤和年轻烟煤。影响苛性钠脱灰的主要因素有：碱洗温度、碱洗时间、碱的浓度、酸洗温度、酸洗时间、酸的浓度、煤水比和煤的粒度等，并成功地将两种超净煤制成合格的精细水煤浆。

3. 油团聚脱灰法

所谓油团聚脱灰法，其实就是一个高非极性油用量的分选过程，而且是一种物理脱灰的方法。通过这种方法得到的微粒聚团一般都具有颗粒大、结构牢固、表面光滑等特征。目前，由于它具备高脱灰率和高可燃体回收率的特性，已经受到重视并且广泛应用于煤的净化。

事实上，油团聚脱灰法主要是为了生成相对适应的粒度和强度的煤粒聚团，而这些煤粒聚团必须是在煤粒悬浮体中加入烃类化合物或非极性油而获得的，并且需要强力的搅拌悬浮体才能获得。其实，这些细粒的矿物质大多是分散颗粒，一般情况下需要进行筛选。

其中，为了将烃类化合物进行回收再利用，要求它的用量达到 30%，并且这种化合物的沸点很低。主要是因为这些烃类化合物易燃易爆，所以，在使煤粒球团中的烃类化合物蒸发成气体而后又回到液态的一系列过程中，全部需要在密闭的环境中进行。

在油团聚脱灰方面，选择 10 种有代表性的煤样作为原料煤，将其中三种煤的灰分降到 1% 以下。对于那些氧化程度高的煤粒，要想进行油团聚的方法进行脱灰，首先需要加入少量的醇类进行表面疏水。

油团聚的进行受很多方面的影响，其中主要受煤的粒度、油的种类和用量、煤种以及搅拌的时长和矿浆的浓度等因素的影响。所以，为了更有效地降低精煤的灰分，需要进行多次的油团、加酸油团磨矿时加药，这样才可以更好地进行脱灰。

除此之外，影响油团聚降灰方法的还有煤的结构特性，而且影响很大，尤其是含氧官能团更是影响油团聚。如果包含的氧分比较大的话，想要进行油团聚，就必须加入少量的调整剂，进而可以使煤的表面得到改善，只有这样才能运用油团聚的方法进行有效的降灰。

影响煤脱灰的因素还有煤表层所浸出的钙、镁离子。想要解决这一问题，需要加入一些碳酸钠以及少量的酸，这样可以有效地改善这一现象。煤中矿物质的嵌布情况对油团聚降灰的影响很大，若矿物质嵌布粗，则这种煤易选，若煤中的矿物质嵌布细，则需要将煤磨得很细，使矿物质与煤充分解离，才能将煤中的灰分降到 1% 以下。

不仅如此，油团聚的磨矿方式也会对降灰造成很大的影响。主要分为以下两种情况：第一，假设用铁球磨矿的话，那么煤的表层就会出现铁，这样会大大升高精煤的含灰成分；第二，假设用瓷球磨矿的话，因为瓷球主要的构成成分是刚玉，这就决定了它很亲水，所以就不太容易吸附在煤的表面，一般情况下不会使精煤受到污染，进而降低精煤的灰分。

除此之外，油团聚降灰还会被煤的变质程度和煤水界面张力所影响。其中，油水界面张力大的话，就会取得更好的筛选效果，进而得到含灰成分很低的精煤。而煤的变质程度也对油团聚造成很大的影响，变质程度深意味着煤表面疏水，这样就会更加有利于油团聚；相反，变质程度浅的话就意味着煤表面亲水，需要另外加上醇类调整剂，进而改变煤的表层性质，使其疏水，这样就能够进行油团聚。

4. 选择性絮凝脱灰法

选择性絮凝是一种先进的物理—化学分选法。在选择性絮凝中，煤絮凝并迅速地沉降到容器的底部，而矿物质和黄铁矿仍然是分散的。这与使煤疏水然后矿化的浮选过程相反。选择性絮凝过程可分为四个阶段：煤悬浮物的分散、絮凝剂的吸附和絮凝物的形成、絮凝物的调节、絮凝物的分离。它的特点是对细粒和超细粒的煤有效，减少了药剂用量，高脱灰率，有效地脱除黄铁矿，精煤易于分散便于制浆。这种方法特别适用于制备水煤浆用煤的精选。它与选择性聚团的不同之处是絮凝剂使用的是有机聚合物。

微细颗粒或胶体颗粒在水中形成聚团的几种类型。

（1）电解质凝聚

由于向体系中添加电解质，使颗粒表面电位的绝对值降到很小甚至为零，导致颗粒间相互排斥的趋势骤减甚至消失，从而产生颗粒之间的聚团。

（2）高分子絮凝

向体系中添加高分子絮凝剂，当高分子絮凝剂浓度较低的时候，高分子长链不仅仅吸附在一颗粒表面，还吸附在另一颗粒表面上，进而通过"搭桥"的形式把两个或多个质点搭在一起，从而导致颗粒之间的强烈聚团。如在水处理中加入聚丙烯酰胺，使水中悬浮的微细颗粒迅速絮凝。

（3）磁絮凝

置于外磁场中的磁性颗粒被磁化后，在颗粒之间存在着磁相互作用，导致它们之间互相靠拢聚集成团的现象。如磁铁矿微粒在一低场强磁场中就可产生强烈的聚团。

（4）疏水絮凝

①天然疏水絮凝

它是指天然疏水颗粒在水中产生聚团的现象。如石墨微粒和煤微粒悬浮体在水中的疏水絮凝。这类疏水絮凝可在不添加任何药剂的情况下发生。

②诱导疏水絮凝

表面活性剂分子在颗粒表面的吸附导致疏水化的颗粒被称为疏水颗粒；而由诱导疏水颗粒在水中产生的聚团现象称为诱导疏水絮凝。在诱导疏水絮凝过程中，必须添加一定量的适当的表面活性剂到微粒悬浮体中。

（三）超净煤在发电中的应用

在超净煤的处理过程中，煤中的碳和可燃物质基本上不会损失，所以发热量不会下降，直接用于常规电厂锅炉。烟气中的含尘量和含硫量完全可以满足我国的烟尘排放标准。

超净煤用于汽轮机—燃气轮机联合循环时，如采用干粉形式应用，须将超净煤研磨到100微米以下，以便直接供燃气轮机的燃烧室使用，同时还需设置一套干粉加压供料系统；如果是制成水煤浆供燃气轮机的燃烧室使用，则需要设置一套相应的制浆系统和加压供料系统。

当超净煤用于燃气轮机时，由于超净煤中还含有少量的灰分，特别是灰中含有钾、钠和有机硫等物质，可引起燃气轮机叶片的磨损和腐蚀，所以对于燃气轮机的制造也应采取一定的措施。

至于氮氧化物的排放，可以通过燃气轮机的燃烧过程加以调整，一般可以控制在 $(40\sim70)\times10^6$ 的范围内。

超净煤的制备以及在发电中的应用还是一项正在研究和开发的课题。

二、燃料电池用于洁净煤发电

（一）燃料电池的定义

燃料电池是将化学反应的化学能直接转化为电能的装置。虽然它被称为电池，但与一般电池的概念不同。燃料电池不是储存电能的设备，而是一个发电装置，它的电能不会耗尽也不需充电。简单的氢氧燃料电池就是在氢和氧发生反应生成水时，将反应所产生的化学能直接转变为电能。

燃料电池系统无转动部件，无噪声，无环境污染，只要供给燃料和氧化剂就可以连续发电。燃料电池所产生的电能可以带动电动机。由于无燃烧过程和转动部件，所以比内燃机效率高得多。

（二）燃料电池的分类

至今所开发的燃料电池有很多种，可以按燃料的来源分类，也可以按其采用的电解质分类。

按燃料的来源可以分为三类。

1. 直接燃料

电池燃料电池可以直接用氢、天然气或甲醇作为燃料。

2. 间接燃料

电池燃料电池所用的燃料是某些气体经过重整和纯化后的富含氢气体。

3. 再生燃料

电池将燃料电池所生产的水通过一定的方法再分解为氢和氧，重新作为燃料使用。

（三）燃料电池原理

事实上，氢氧燃料电池的发电过程其实就是一个电化学的氧化还原的过程。燃料氢通入阳极，作为氧化剂的空气通入阴极，在两极之间填充电解质和催化剂。氢气在阴极被吸附、解离，进而失去电子氧化成氢离子进入电解质中，而阳极获得电子成为氧负价原子，进而和氢离子结合成水。

燃料电池的组成部分主要有阳极、阴极和电解质隔膜。其中，燃料在阳极被氧化，氧化剂在阴极被还原进而实现反应，然后形成燃料电池。

阴极电位和阳极电位的差就是燃料电池的输出电压。在电池开路并且没有输出电流的时候，电池的电压就叫作开路电压，即 $E°$。在电池输出电流开始对外工作的时候，输出电压也会发生变化，由 $E°$ 降到 E，这就是一种极化现象。

这种极化分为两种，一种是阳极极化，也就是说，电池在输出电流的时候阳极电位发生损失；而阴极极化则是阴极电位发生了损失。一个电池的总极化是由阳极极化、阴极极化以及欧姆电位三部分构成的。

可以从极化形成的原因方面再研究，主要从以下三个方面来分析。

1. 活化极化

主要是因为电化学反应速度的限制进而造成的电位损失。

2. 浓差极化

主要是因为反应剂传质的限制造成的电位损失。

3. 欧姆极化

主要是因为电池的组件尤其是电解质膜的电阻而造成的欧姆电位损失。

燃料电池和一般的电池存在很多不同之处，燃料电池里面是没有燃料和氧化剂的，而是在电池之外的储罐中。在燃料电池开始对外工作的时候，就应该往电池内部不停地输入燃料和氧化剂，与此同时将反应的产物排出去。可以说，如果仅仅从工作的方式来看，燃料电池和一般的汽油或者柴油的发电机有很多相似之处。

一般情况下，燃料电池所使用的燃料和氧化剂基本上都是流体、气体或者液体，这主要是因为燃料电池在工作的时候就必须不间断地往电池中输入燃料和氧化剂。其中纯氢、富含氢的气体和一些甲醇水溶液都是燃料电池中最常用的氧化剂。

（四）燃料电池的独特之处

1. 噪声小

燃料电池的工作是比较安静的，可以说噪声是非常小的。因为是按照电化学原理来进行的，这就决定了活动的零部件很少，所以不会产生太大的噪声。

2. 高效率

燃料电池主要是利用电化学的原理将化学能量直接转化成了电能。燃料电池是不需要热机步骤的，所以不会被卡诺循环所控制。从理论上说，燃料电池的热电转化效率可以高达85%～90%。但在实际工作过程中会被各种极化所局限，当前各种电池实际工作的能量转化效率基本可以达到40%～60%。如果能够使热电联供得以实现的话，那么燃料总的利用率就可以达到80%之上。

3. 避免环境污染

燃料电池基本上都是使用的富氢气体，这些富氢气体主要是经过矿物燃料来获得的，并且在获取的过程中所产生的二氧化碳要比热机过程递减40%以上。这就极大地减少了对于环境的污染。

能够减少对环境的污染还有一个原因，就是在燃料电池工作的过程中是不经过热机的燃烧过程的，所以基本上都不会排放那些污染环境的氮的氧化物和硫的氧化物。燃料电池如果以纯氢为燃料的话，所产生的化学作物是水，更是基本上把那些污染环境的氮的氧化物、硫的氧化物及二氧化碳等的排放进行有效的避免。

4. 可靠性高

碱性电池和磷酸燃料电池的运行证明，该燃料电池非常可靠，可用作各种应急电源和不间断电源。

总之，电池的种类有很多，燃料电池就是其中一种，它不仅具备一般电池具有的积木特征，还可以将多台电池进行串联或者并联来对外工作发电。所以说，燃料电池不单单适用于集中发电，还适用于各种规格的分散电源和可移动电源。

（五）燃料电池的关键材料

1. 电极

电极其实是为了实现燃料氧化和氧化剂还原的电化学反应发生提供的场所。一般情况下，电极的厚度是0.2～0.5毫米。电极基本上分为两层：①扩散层或者是叫作支撑层，这一层主要是凭借着导电多孔的材料制备将催化剂层、传导气体和反应物以及收集电流支撑起来。②催化剂层，这一层主要是由电催化剂和聚四氟乙烯的这种防水剂构成的制备，一般情况下的厚度仅仅为几微米至数十微米。除非有特殊的要求才会达到0.2～0.5毫米的厚度。有的时候会在电极内嵌入一定数目的导电网，这样可以改善电极的导电性能。电极的性能主要是受电催化剂的性能、电极的制备技术以及电极材料的选择这三个方面的影响。

2. 隔膜

隔膜主要是起到将氧化剂和还原剂进行分隔并促进离子传导的作用。一般情况下，隔膜的厚度是零点几毫米，这主要是为了使欧姆电阻减少。制备技术和隔膜的材料是隔膜性能的主要影响因素。目前，隔膜应用于电池主要分为两种：①石棉膜、偏铝酸锂膜和碳化硅等绝缘材料制备的多孔膜的导电离子主要是氢氧根离子、碳酸根离子以及氢离子；②质子交换膜燃料电池中采用的全氟磺酸树脂膜的离子交换膜的导电离子主要是氢离子。

3. 集流板

集流板的别称是双极板。集流板的主要作用是电流收集以及将氧化剂和还原剂分隔。不仅如此，它还可以把氢或者氧这样的反应物平均地分配到电极的各个地方，然后将这些传递到电极催化剂层，进而完成电化学反应。影响集流板性能的主要因素有：第一，材料的选择；第二，流体流动的流场设计；第三，加工的技术。

目前，已经研发出各种类型的燃料电池。一般的分类方法就是按照电池采用的电解质分类。因此，燃料电池主要可以分为以下 5 类：①以氢氧化钾为电解质的碱性燃料电池；②以浓磷酸为电解质的磷酸型燃料电池；③以全氟或部分氟化的磺酸型质子交换膜为电解质的质子交换膜燃料电池；④以熔融的锂—钾碳酸盐或锂—钠碳酸盐为电解质的熔融碳酸盐型燃料电池；⑤以氧化钇稳定的氧化锆膜为电解质的固体氧化物燃料电池。

三、磁流体发电

（一）磁流体发电的关键问题

要使磁流体发电装置顺利运行必须具备三个条件，即流体必须具备较高的电导率、流体流经磁场时具有较高的速度和一个具有高强磁场的超导磁体。

1. 流体具有高电导率

通常气体在 2000～3000 开时几乎不导电。空气在常压下，要加热到 6000℃以上，才能获得几个西门子/米的电导率（表示物质导电的性能，为电阻率的倒数，单位为秒/米）。所以，要提高流体的电导率，需要加入少量的电离电位较低的物质，如钾盐和铯盐，通常称为电离种子。铯的价格较贵，只有在能全部回收的情况下才使用。在开环系统中，通常用碳酸钾和氢氧化钾。为了提高经济效益，电离种子需要再生循环使用，回收钾盐也是一个相当复杂的过程。

2. 流体具有高速度

磁流体的速度靠与燃烧室相连接的喷嘴获得。但流体的速度不是越高越好，因为用高温导电气体作发电工质时，流速增加会使温度下降，温度下降会导致气体的电导率急剧降低，所以流体速度一般控制在 800～1500 米/秒为宜。

3. 具有较高的磁感应强度

大型磁流体发电机的磁感应强度需要达到 5~6 特斯拉（T，磁感应强度的法定计量单位），才能有较高的热电转换效率。只有超导磁体才能达到如此高的磁感应强度，常规电磁体是做不到的。超导磁体可以做到很高的场强，其重量比同样场强和磁场空间的电磁体轻得多。目前比较成熟的低温超导磁体需要一套比较复杂的低温系统，而且造价也比较贵。磁流体发电用的超导磁体按结构形式可分为螺旋管形磁体、跑道形磁体和鞍形磁体。

（二）磁流体汽联合发电系统

1. 联合发电系统

磁流体发电的尾气温度接近 2000℃，有大量的余热可供利用。所以磁流体发电机与锅炉汽轮机组联合，可以构成磁流体—蒸汽联合循环。上游装置为磁流体发电系统，下游装置为余热锅炉和汽轮机发电机组系统，上述两个系统由扩压器相连接，两者之间还有一个相互关联的种子再生系统。

磁流体发电系统包括燃烧室（包括一级燃烧筒和二级燃烧筒）、喷嘴、磁流体发电通道、磁体和扩压器。蒸汽发电系统与常规系统没有什么区别。不过值得提出的是，余热锅炉在运行操作上还应注意以下问题。

第一，在锅炉烟气中应将电离种子回收，并循环使用，以提高经济效益。

第二，磁流体发电系统的燃烧室处于高温条件下会产生大量的氮氧化物随尾气进入锅炉，因此锅炉应控制排烟的冷却速度，以促使氮氧化物在锅炉内尽量分解，减少污染物的排放。

第三，磁流体发电的尾气中还含有一些可燃物，应将其在锅炉内燃尽。

第四，锅炉内烟气中含有电离种子和少量灰渣，它们积在水冷壁和其他管道上，运行时应注意清除，以免影响传热和增加锅炉的烟风阻力。电离种子为碱性物质，容易腐蚀锅炉管道。

2. 联合发电的效率

上述只是一个简单的估算，考虑到厂用电的消耗和其他一些因素，其详细计算要复杂得多。磁流体发电的效率约为 20%，热电厂的效率约为 38%，按上式估算，磁流体—蒸汽联合循环发电的效率约可达到 50%。

（三）磁流体发电的原理

磁流体发电原理主要是磁流体通道沿 Y 方向位于两磁极之间，磁力线沿 Z 方向垂直穿过磁流体通道。当导电流体（温度约 300 开）沿 Y 方向流过磁流体通道时，则在磁流体通道两侧（沿 X 方向）的电极上得到一个感应电势，如果在两电极之间接上负载，将会有电流流过，这就是磁流体发电的基本原理。

从工质循环来看，可以分为开环磁流体发电和闭环磁流体发电两类。开环磁流体发电的工质只能使用一次，使用后经余热回收即排入大气。开环磁流体发电系统比较简单，其工质一般是燃烧产物的等离子体，并在其中加入少量的电离种子（碱金属盐类，约为总质量的 2%）以提高其导电性能。闭环磁流体发电系统是使工质处于一个封闭的系统中，用压缩机使工质进行循环，工质反复使用。通常其工质为惰性气体（氩气和氦气）或液态金属。

事实上，不是任何高速高温气流流过发电通道都能发电的，必须是具有一定电导率的高速电离气体，也就是通常所说的等离子体，才能在磁场作用下产生热电转换。

这里所谓的等离子体，就是由热电离产生的电离气体。气体的分子或原子在高温状态下，最外层的电子由于热激发而脱离分子或原子，分离为自由电子和正离子。自由电子愈多气体的导电性能也就愈好。气体所以导电，也就依赖于这些由电离产生的自由电子。

至今，研究较多、发展较快的是用化石燃料作为一次能源的开环磁流体发电技术，目前已经达到中间试验水平。闭环磁流体发电技术的研究也取得了不少的进展，但远不及开环磁流体发电的水平。

（四）磁流体发电系统的主要特点

1. 效率高

磁流体发电机本身的热电转换效率并不是很高。这里所说的效率高，通常的含义是指磁流体发电机和普通火力发电透平机组构成联合循环的时候，从整个热循环的角度上来考虑系统的效率比较高。

2. 环境污染少

目前，在工业生产规模不断扩大的社会，最被关注的问题就是环境污染的问题。一般来说，火力发电厂对环境的影响主要可以体现在以下两个方面：①发电过程中排出的烟雾基本都是对大气造成污染的氧化硫和氧化氮；②有很多的冷却水排出，这会大大地提高河水或者海水的温度，这样不仅会破坏自然生态平衡还会造成热污染。这些问题已经在一些发达国家产生了严重的后果，所以这些国家也必须花费大量的资金进行治理，慢慢减少环境的污染。并且在法律上规定，污染程度达不到某个规定范围以内的工厂将不允许开工生产。

有时不得不改用所谓"干净"的燃料。

事实上,虽然核能电站没有火力发电站污染大,可还是会产生一定的热污染,尤其是放射性的物质造成的污染,这就要求必须采取相应的措施。

所谓磁流体发电,主要是因为技术本身的要求才会在燃气中加入一定比例的钾盐作为种子钾。这些种子钾和硫在一起后会产生强烈的化学反应,所以在经过通道后进行发电的过程中,燃气进入下一级的蒸汽锅炉的时候,会因为温度的降低,这些种子钾就会变成硫酸钾,进而收集到种子回收装置中。只有这样,才会使原本燃料中的硫成分进行自动脱硫。此外,由于磁流体联合循环系统的总效率比较高,这样热污染自然要比普通火力发电厂减少三分之一左右,而比普通核能电厂要减少一半以上。

当然,从污染上来说,磁流体发电方式也带来了新的问题。主要是由于燃烧型磁流体发电机的燃烧温度比普通火力发电厂锅炉中的温度要高得多,因此生成的各种氮氧化合物的数量也多得多。为了解决氧化氮造成的污染,目前提出了各种不同的方案,例如采用二次燃烧,利用氧化氮化合物通过陶瓷蓄热体的分解反应,或者利用这种高浓度的氧化氮化合物来制造硝酸。根据已有的试验,采用以上的这些措施将排烟中的氮氧化合物的含量降低到允许值以下是完全可能的。这里附带提一下,关于污染问题,严格地说,从目前的科学技术的发展来看,只有水力发电和广义太阳能发电才是完全没有污染的发电方式。

除去上述的两个优点外,和普通发电机相比,磁流体发电机还有启动快,没有转动部分,机组容量越大越能充分发挥它的优越性等一系列特点。所有这些都成为吸引广大科研和工程技术人员积极从事磁流体发电技术研究的根据。

第四节　环境保护视角下煤炭的创新利用

一、煤炭加工中的废渣处理与综合利用

(一)煤炭加工中废渣的污染

煤炭开采、加工生产过程中产生的煤矸石、剥离物,以及煤粉在高温燃烧后形成的粉煤灰,还有焦油渣、焦粉、洗油、酚渣、生化污泥、蒸氨废水中的沥青等废渣,气化生产过程中的废渣等,这些固体废渣排放直接占据了大量的土地,不但其中的可挥发污染物会对大气、水源造成严重的污染,也会对周围环境的植被造成严重的破坏,并会污染地下水和地表水体。

（二）煤炭加工中废渣的来源

煤炭加工中的废渣主要来自开采、加工生产过程中产生的煤矸石、剥离物，经过高温燃烧后形成的粉煤灰，还有煤气化、炼焦及化学产品回收过程中产生的焦油渣、焦粉、洗油、酚渣、生化污泥、蒸氨废水中沥青等固体废物，其中煤矸石占原煤产量的10%~20%。

（三）煤炭加工中废渣的处理与利用

1. 酚渣的利用

在粗酚精制过程中，间歇釜排放的酚渣温度高（190℃），污染严重。可经过处理后再送到焦油蒸馏工段进行循环利用。

2. 焦粉的利用

焦粉在焦化企业的生产过程中会产生按焦炭成品计约4%的焦粉，其利用价值很高。

第一，焦粉可制备炭分子筛。

第二，以焦粉为主要原料可制型焦。

第三，煤焦粉可应用于纳米碳材料的合成。

第四，根据煤种、生产焦炭质量要求，焦粉可适量回配。

第五，煤基焦粉是制备锂离子电池阳极材料的理想碳源之一。

第六，焦粉可适用于焦炉气制甲醇的气体预处理中过滤吸附焦炉气中的有害杂质，用于预处理焦炉气冷凝液和水煤气电除尘的含焦油等有机杂质的废水，失效后的焦粉送锅炉配煤燃烧产生蒸汽供生产使用。

第七，改性焦粉具有多孔结构、吸附容量大和吸附速度快的特点，价格低廉、污染小，可用硝酸和一些硫酸混合进行氧化处理，从而使得熄焦粉表面的酸性基团含量明显提高，同时促进熄焦粉表面亲水性的提高，降低 pH 值。改性的熄焦粉同时具有活性炭和阳离子交换树脂双重功能，可为水处理提供新的经济实用方法。

3. 焦油废渣的利用

第一，焦油废渣可回配到炼焦用煤中。焦油渣中含有丰富的大密度烃类物质，是一种很好的炼焦添加剂，可提高焦炭的抗碎强度、耐磨强度。

第二，可作为煤料成型的黏结剂，也可在电池的电极生产中当胶黏剂使用。

第三，可作为炭黑原料、生产焦油树脂、橡胶混合体的转化剂等。

第四，可与煤焦油混合制备燃料。

4. 气化炉渣的利用

煤浆颗粒在气化炉雾化燃烧的过程中发生碰撞烧结后，通过空气夹带的方式进入冷冻水浴，冷却破碎形成直径 0.5~5 毫米的渣粒为灰渣。

在气化炉内当温度低时，沿炉壁下流的熔渣会在炉壁积累厚厚的渣层，温度升高时，熔渣被烧下来，进入激冷室时未被完全激冷破碎，形成直径在 5 毫米以上的块渣。还有在生产过程中会形成难以被激冷破碎、成熔融玻璃状的炉渣和一些损失剥落的耐火砖而形成的砖渣。

第一，用炉渣灰与适量的石灰混合，可作为道路建设的底料。

第二，利用气化炉的炉渣中含有的大量残碳，可用于循环液化床的燃烧。

第三，灰渣可用于制空心砖，也可作为水泥混合材料，制成建筑材料。

第四，灰渣中含有 60% 左右的二氧化硅，可用于塑料、橡胶、涂料及黏合剂的填料。

第五，灰渣中含有氧化铝（通常在 20% 左右）、氧化钛（1% 左右），可进一步加入适量的氧化铝粉进行混合电解生产硅钛铝合金。

5. 生化污泥的利用

煤炭加工业每年生产大量的生化污泥。污泥可经过浓缩、初步脱水，返回到备煤生产环节，配入煤中炼焦，重复利用，减少污染；污泥中含有植物所需要的营养成分，可通过堆化处理，使其转化为农用肥；污泥经过处理可制成建筑材料，如活性污泥树脂、纤维板，也可做建筑地基的固化材料；还可利用多效蒸发法制污泥燃料，充分利用其中的有效成分。

二、煤炭加工中的废水处理与综合治理

（一）煤炭加工中废水的污染

1. 无机污染物及其危害

（1）重金属污染

①汞

对于慢性汞中毒来说，会造成血液吸收汞并向大脑进行输送，从而对中枢神经系统造成严重损害；对于急性汞中毒来说，会对呼吸系统、泌尿系统以及消化系统产生极大的损害；对于无机汞来说，发生中毒后是可以进行逆转的，在人的体内通过多种途径在一段时间后可以进行排出，因此产生的危害也就比较小。然而，对于有机汞来说，一旦发生中毒，将会严重危害人体的健康，其中毒性最大的是烷基汞（如甲基汞、乙基汞等）。一旦烷基汞进入脑细胞，想要排出就变得相当困难，不仅会对中枢神经系统起到损害作用，而且通过胎盘屏障还可以进入胎儿组织，从而对胎儿造成致命的伤害。

②镉

尽管镉对植物没有造成明显的危害，然而它可以通过农作物和饮用水等对人类的健康产生严重的影响。除此之外，还会对人体的肝脏和肾脏起到损害作用，从而引起贫血，导致肾功能下降，引发高血压等疾病。对于镉的化合物来说，毒性较大的有氧化镉、氯化镉、硝酸镉等，毒性较小的是硫化镉。

③锰

倘若在人的体内长期有过量锰的存在，那么将会造成人的神经系统功能障碍，从而导致神经衰弱。

④铬

铬的化合物对人体的皮肤和消化道有十分强烈的腐蚀作用，另外，铬污染还能导致胎儿变形，诱发癌症等。铬的毒性高低关系到其存在的方式，一般情况下六价铬的毒性被认为比三价铬的毒性要高 100 倍之多。

⑤镍

金属镍是没有毒的，然而，镍盐具有非常大的毒性，特别是羰基镍。当发生急性镍中毒时，很可能出现呼吸困难的现象，十分严重的情况下还有可能造成死亡，除此之外，还可能引发鼻腔癌和肺癌。

⑥铜

铜的化合物能够直接对人的一些器官产生损害作用，除此之外，在一定程度上毒害了水生动植物，严重影响了农作物的生长。

⑦铅

铅是一种蓄积性毒物，可以对神经系统、造血系统和肾脏器官起到直接的损害作用，除此之外，还有可能造成胎儿的畸形、基因的突变等。

（2）放射性物质

放射性沉降物和核试验产生的放射性同位素废水广泛应用于化工、冶金、医疗、农业等行业。一般情况下，锶—90、铯—137 等放射性物质对水体造成了严重的污染，这些放射性物质通过水和食物等方式进入人的体内，并进行积累，使得对人体的放射性辐射逐渐增加，从而导致变异或癌症的发生。

（3）酸、碱、无机盐类污染

在工业生产的过程中，那些排放的废水中往往含有酸、碱性污染物和各种无机盐。对于酸、碱性污染物来说，往往会改变水体的 pH 值，当 pH 值在 6.5~8.5 时，将会对微生物的生长起到一定程度的抑制作用，从而危害水生生物的成长。

2. 有机污染物及其危害

（1）酚类

苯酚中毒在环境中呈现出慢性的状态，会导致头晕、头痛、神经紊乱等，严重的情况下甚至出现呕吐、腹泻等症状。对于高浓度的苯酚来说，会造成急性中毒的出现，从而造成人员的昏迷甚至死亡。苯酚是毒性最大的化合物，苯酚和甲酚严重危害人体的神经系统。

（2）农药

农药不仅在一定程度上污染环境，而且还会污染植物和农畜产品，除此之外，还可以通过食物链的方式进入人的体内，从而对人体的健康造成一定程度上的危害。其中，毒性最大的就是有机氯农药，可以在一定程度上对人体的中枢神经系统和器官造成损害，甚至导致癌症的发生。

（3）有机氧化物

对于有机氧化物来说，一般包括具有刺激作用的酸、醇、醛等氧化物，甲醛可能使人们出现一些诸如皮肤炎、鼻炎等症状。

（4）有机氯化物

大部分有机氯化物都可能诱发癌症，包括可导致死亡的多氯联苯（PCB）急性中毒，除此之外，也会通过母体毒害胎儿。

（5）氰及腈化物

氰及腈化物急性中毒时，会造成组织缺氧、窒息，严重的情况下会导致死亡。

（6）芳烃及其衍生物

苯、二甲苯、苯酐等会损害人的中枢神经系统和生殖系统。

3. 病原微生物及其危害

一般而言，生活污水、家畜废水和医院废水、工业废水等都可以产生病原微生物，会严重危害人体的健康发展，极易传播传染病。可以将病原微生物分为病毒、病虫卵和致病细菌三类。

4. 物理性污染物及其危害

对于印染废水、农药废水等工业废水来说，不仅颜色独特，而且气味也十分独特，从而使人们的感官感到不愉快。对于水中的悬浮物来说，不仅是各种污染物的载体，而且极有可能将鱼致死，甚至会对人们的身体健康产生不良影响。

5. 植物性营养物质污染及其危害

如果水里含有过高的植物性养分含量，将会引起"富营养化"。对于水生植物来说，尤其是过度繁殖藻类植物，导致水体缺氧问题十分严重，从而造成大量鱼类的死亡，并伴有转化含氮化合物。在水体里，如果硝酸盐的含量超过一定值，将会造成毒性的发生。在人们的身体中，亚硝酸可以与仲胺相互作用，从而导致亚硝胺的产生，这一物质可以说是一种致癌物质。

（二）煤炭加工中废水的来源

煤炭深加工中的废水不仅形成于煤的碳化、气化和液化中，而且还形成于产品的回收与加工的过程中。由于煤种、处理技术和管理水平的不同，产生的废水水量也会存在差别。具体而言，在煤炭深加工的过程中，每吨煤干馏、焦化所产生的废水约 0.2 吨，气化所产生的废水约 1 吨。

（三）煤炭深加工中废水的处理技术

1. 物理处理法

（1）过滤

所谓过滤，即水中的悬浮物通过具有一定空间的过滤介质，从介质的表面或内部被截断的过程。在废水处理中过滤是常用的一种处理方法，例如粗大固体物的截留、污泥的脱水等。

（2）沉淀法

沉淀法也可以称之为澄清法，是废水处理的一种最基本的方法，被广泛用于废水处理系统中。

沉淀池处理装置可作为处理废水的唯一方法，更重要的是，它可以与其他处理方法共同作为废水处理系统的不同建设单位使用。

（3）调节水质水量

一般情况下，废水中的大部分水质水量都不具备稳定性，并且随着时间的推移也在逐渐发生着变化。由于人们生活作息习惯的不断改变，生活污水也在发生着变化；由于生产过程的不同，工业废水的水质水量也有所不同。要想使特征上的波动性有所减少，同时能够稳定并优化后续的水处理系统，就必须在废水进入污水处理系统之前调节并处理水质和水量。

通过调节水质水量，能够使废水的处理能力大大提高，并且在生产的过程中能够使得产生的冲击负荷大大减少，从而能够稀释微生物中的有毒物质，同时能够冷却短期的高温废水；通过对废水中的 pH 值进行控制以稳定水质，除此之外，还能够使化学品的消耗大大减少；当工厂和系统暂停废水的排放时，可以继续向处理系统中进行废水的输入，从而使系统得以正常运行。

具体而言，可以利用调节池来调节废水的水质和水量。首先，应该利用水量大小和水质变化来确定调节池的大小。对于调节池来说，它们的容量越大，就具有越高的均化程度，也就具有相对较大的占地面积，与此同时，还具有较高的投资费用。其次，可以利用外加动力来促进调节池效率的提高。

2. 物理化学方法

在煤转化成废水的过程中，由于污染物具有较高的浓度，因此开发了许多回收处理技术以降低废水中的有机污染负荷，除此之外，还能对废水中的有用物质进行回收。一般而言，蒸馏、吹脱、萃取等为比较常见的物理化学方法。

煤转化废水中溶解和分散的焦油等油类物质是有害的。焦油和石油可以对微生物的活性起到有效的抑制作用，从而使生物处理效率十分低下。

一般而言，蒸汽脱酚和溶剂脱酚法为比较常见的酚的回收方法。蒸汽脱氨法的缺点主要有高碱耗、低回收率等，所以现在已经不再使用，从而被溶剂法取代。

迅速发展的苯酚合成技术，从经济层面上来讲，在煤转化废水的过程中对酚进行回收已不再具有经济竞争力，所以目前发达国家很少利用这一技术进行煤制废水的转化，而是加入一些稀释水来进行直接的生化处理。

在煤转化的废水中具有较高的氨氮含量。一般情况下，氨氮的含量都在每升几千毫克或更高。要想对废水中的氨进行有效去除，一般利用二级蒸汽吹脱法来处理废水，也就是说，利用蒸汽将废水中的自由氨进行吹脱。通过加碱的方式使固定氨发生游离，从而得以进行二次吹脱。除此之外，利用稀硫酸和软水可以吸收吹脱出来的氨气，然后再进行综合利用。氨气蒸过之后，可以使氨氮的浓度大大降低。

尽管化学氧化法的处理效率很高，但通常情况下都具有很高的处理成本，要想在实际的生产过程中进行应用和推广可以说是十分困难的。

三、煤炭加工中的烟尘污染与综合治理

（一）煤炭加工中废气的污染

在煤炭加工生产过程中，由于技术原因，本不属于大气成分的物质一旦进入大气中，就会在一定程度上污染大气。对于人体来说，大气污染主要危害人体的呼吸道；对于植物来说，可以造成其生长不良，并且不能有效抵抗病虫的入侵；对于气候来说，大气污染导致能见度大大降低，并使太阳辐射大大减少。除此之外，大气污染物还对物品起到腐蚀性作用，从而对产品的质量产生一定影响。如今，大部分国家都出现了酸雨现象，从而导致鱼类大大减少或濒临灭绝，同时也影响了森林的发展。

（二）煤炭加工中废气的来源

第一，煤炭在炼焦过程中排出的气体污染物，主要是装煤工艺产生的大量煤尘及煤遇高温产生有害气体，如一氧化碳、硫化氢、二氧化碳等气体。

第二，煤气化产品在回收与精制的过程中排出的气体污染，包括二氧化硫、氮氧化物、甲醛、氨气等。

第三，煤炭加工生产过程中循环冷却水的蒸发随之排出的气体污染，如煤焦过程中产生的酚、氰化物、硫化物等与水蒸气一同排出形成的污染气体；在煤气冷却和洗涤、焦油化学产品精制回收过程、氨水处理中循环冷却过程中直接溢出的或与冷却水混合排出的气体。

第四，在配煤过程中煤炭破碎、混合、装运排出的粉尘污染。

第五，在化工产品包装、存储过程中，废弃存放及处理过程中挥发的气体。

（三）煤炭加工中废气的处理技术

1. 物理法

通过物理吸附、吸收、过滤、沉降、离心分离等，除去煤炭加工过程中废气中污染物。

2. 化学法

通过化学反应改变废气中污染物的化学性质，并将其化学反应产物从废气中分离。如催化燃烧法、碱液喷淋吸收酸雾。

3. 废气法

使污染物电离带上电荷，并在电场力的作用下收集废气中带电离的污染物，废气得以净化。如使用电捕焦油器，它的特点是有较高的捕焦油效率，较小的阻力损失，大量处理气体，既能保证后续工序对气体质量提出的要求，使得产品的回收率大大提高，又能够对操作的环境进行显著改善。

4. 吸收法

通过气液两相介质之间的互溶性，在气液的传质过程中使气相中的污染物转移到液相中。在一定温度和压力下，废气中的污染物与吸收剂之间存在浓度平衡，当吸收剂浓度低于平衡浓度时，污染物可被吸收剂吸收至饱和浓度；当吸收剂达到饱和浓度后，再吸收污染物的同时也伴随着污染物从液相重新回到气相中的解吸过程。因此，了解吸收系统的气液平衡关系，才能判断吸收剂对污染物除去的可能和程度，并有效利用和控制其吸收过程。常用吸收剂有碱液、酸液、柴油。

5. 吸附法

利用吸附剂对污染物的吸附作用使废气得以净化。吸附剂也存在与吸收剂一样的浓度平衡，吸附剂饱和后可通过物理或化学方法使其解吸再生。如利用水与有机物的不相容性，向饱和的活性炭通入过热水蒸气，使被吸附的有机物组分转为气相从活性炭中解析出来，解析的尾气经热交换器冷却处理后，还可回收有价值的有机物组分。

第六章
循环经济下煤炭矿区的发展

第一节 循环经济理论

一、循环经济的理论概述

(一) 循环经济的概念

20世纪90年代以来，在西方发达国家兴起了一种新的经济发展模式——循环经济。人们提出了一系列诸如"零排放工厂""产品生命周期""为环境而设计"等体现循环经济思想的理念。对循环经济范畴的界定，有多种不同的角度和方法围绕资源的节约、再生、综合、循环这几个关键词，有的从人与自然的关系上去定义，有的从经济与社会、生态的关系上去概括，有的从新经济形态上去提炼，有的则从知识经济的角度去阐述，不一而足。从技术范式的角度去把握和研究循环经济，比较有代表性的有如下几种观点。

循环经济是指在人、自然资源和科学技术的大系统内，在资源投入、企业生产、产品消费及其废弃的全过程中，把传统的依赖资源消耗的线性增长经济，转变为依靠生态型资源循环来发展的经济。

我国学者将循环经济定义为：通过废弃物和废旧物资的循环再生利用来发展经济，目标是使生产和消费过程中投入的自然资源最少，向环境中排放的废弃物最少，对环境的危害或破坏最小，即实现低投入、高效率和低排放的经济发展。

有学者指出，所谓循环经济，本质上是一种生态经济，它要求运用生态学规律来指导人类社会的经济活动。与传统经济相比，循环经济的不同之处在于：传统经济是一种由"资源—产品—污染排放"所构成的物质单向流动的经济。循环经济倡导的是一种建立在物质不断循环利用基础上的经济发展模式，它要求把经济活动组织成一个"资源—产品—再生资源"的反馈式流程，所有的物质和能源要在这个不断进行的经济循环中得到合理和持久的利用，以把经济活动对自然资源的影响降低到尽可能小的程度。由此，循环经济是一种与环境和谐的经济发展模式。

有学者的观点是，循环经济是在生态环境成为经济增长制约要素，良好的生态环境成为一种公共财富阶段的一种新的技术经济范式，是建立在人类生存条件和福利平等基础上的以全体社会成员生活福利最大化为目标的一种新的经济形态。循环经济的技术范式特征之一是，由过去的开放型物质流动模式（资源消费—产品—废物排放）转向为闭环型物质流动模式（资源消费—产品—再生资源），其本质是对人类生产关系进行调整。

有学者认为，循环经济不仅是一种经济运行范式，而且是对价值标准和经济效率定义的革命。政府、制度的存在使人类在经济活动中意识到生态的限制，而市场的力量在于如何在这种限制下更有效地利用资源，就像自然生态系统那样创造并构筑一个能够促进物质和能量高效循环、流动，并能保持与自然生态系统协同演进的经济系统。政府可以通过适当的制度安排，利用市场机制为废弃物资和再生利用建立市场交易平台，例如建立再生资源的交易市场和信息网络。

总之，循环经济是一种生态型经济，倡导的是人类社会、经济发展与生态环境和谐统一的发展模式。效仿生态系统原理，把社会、经济系统组成一个具有多重物质多次利用和再生循环的网、链结构，使之形成"资源—产品—再生资源"的闭环反馈流程和具有自适应、自调节功能的，适应生态循环的需要，与生态环境系统的结构和功能相结合的高效的生态型社会经济系统。使物质、能量、信息在时间、空间、数量上得到最佳、合理、持久的运用，实现整个系统的低开采、高利用、低排放，把经济活动对自然环境的影响降低到尽可能小的地步，做到对自然资源的索取控制在自然环境的生产能力之内，把废弃到环境中的废物量压缩在自然环境的消化能力之内，实现可持续发展所要求的环境与经济双赢，在资源不退化甚至改善的情况下促进经济的增长。

循环经济从本质上不同于传统经济，体现在：

1. 新的系统观

循环经济是一个涉及社会再生产领域各个环节的系统性、整体性经济运作方式。它要求把经济活动组织成为"资源—产品—再生资源"循环流程的闭环式经济，所有的原料和能源都在这个不断进行的经济循环中得到合理运用，从而使经济活动对自然环境的影响控制在尽可能低的程度。而且还要求把人也置身于这一系统之中，作为系统的一部分来研究符合客观规律的经济原则，所以，只有通过整个社会再生产体系层面的系统性协调，才能真正实现资源的有效循环利用。

2. 新的资源观

传统经济的资源观是最大限度地开发利用自然资源，最大限度地创造社会财富，而循环经济的资源不仅指自然资源，还包括再生资源。循环经济的资源观是要充分考虑自然生态系统的承载能力，尽可能地节约自然资源，不断提高自然资源的利用率，循环使用资源。在环境方面体现了自然资源与环境的价值，促进整个社会减缓对资源与环境财产的损耗，确立了新型的资源供应渠道。目前许多国家都把资源开发的重点转向了废弃物资源的再生利用，形成了新的原材料供应渠道，从而突破了传统工业经济的资源仅指自然资源的旧理念。在循环经济的"3R"原则，"减量化"原则中，即在生产的投入端尽可能少地输入自然资源，要求用较少的原料和能源投入来达到既定的生产目的和消费目的，进而从经济活动的源头节约资源和减少污染。

3. 新的效益观

循环经济不仅带来了全新的环境效益，也给人们带来了巨大的经济效益。利用再生资源进行生产，不仅可以节约自然资源，遏制垃圾泛滥，而且要比利用天然原料进行生产能耗低、污染物排放少。

（二）循环经济的基本原则

循环经济是一种善待地球的经济发展新模式，要求人们在生产和消费活动中倡导新的行为规范和准则，减量化（Reduce）原则、再利用（Reuse）原则、资源化（Resource）原则（"3R"原则）就是实施循环经济的基本指导原则。

1. 减量化原则

减量化原则是输入端方法，即减少进入生产和消费过程的物质和能源消耗量，从源头上节约资源和减少污染物的排放。它对污染的防治是通过预防的方式而不是末端治理的方式来解决的。

2. 再利用原则

再利用原则是过程性方法，即提高产品和服务的利用效率，要求产品和包装容器以初始形式多次使用，减少一次用品的污染，目的是提高产品和服务的时间强度。也就是说，尽可能多次或多种方式地使用物品，避免物品过早成为垃圾。

3. 资源化原则

资源化原则是输出端方法，即要求物品完成使用功能后重新变成再生资源，就是通常所说的废品回收利用和废物综合利用。通过资源化能够减少废物的产生，提高资源的利用效率。

"3R"原则对循环经济的技术范式给出了清晰的刻画，这个概念是中国学者在国外微观企业发展循环经济的技术范式在宏观领域的放大使用。

减量化本身有两层含义，一是污染物的减排，二是减少单位经济产出的资源和能源消耗。前者是针对生态环境压力而言的，后者是针对资源和能源短缺压力而言的，这两者具有紧密的关系。在同样的环境技术体系下，减少资源和能源消耗必然减少污染的排放，这是从本源上解决污染问题的方法。但是，减少资源和能源消耗往往是相对于单位产出而言的。随着经济增长而带来的消费水平的提高，使得社会对产品的总需求量急剧扩大，即使是由于技术进步降低了单位产出资源和物质消耗，资源和能源的总需求量也将会不断增加。因此，在单位产出资源和能源消耗减量化的基础上实现再利用和资源化，才能减少对初始资源和能源的需求。

减量化应该既包括资源消耗减量化，也包括污染排放减量化。从这个意义上讲，"3R"构成了发展循环经济在技术方面的充分与必要条件。但是实践表明，循环经济在技术上的可能性和可行性都只是发展循环经济的必要条件，而不是充分条件。在现实经济中，任何理性经济人的化身（企业）都在追求利润最大化。如果节约资源和能源、处理废弃物和使用再生资源、保护环境会削减企业利润，那么企业将不会这么做。因为在现有的市场价格体系和规制条件下，环境的价值没有在经济系统中得到充分的体现。尽管社会中每一个人都希望生活在良好的生态环境中，但是，在两种情况下生态环境被破坏成为必然的结果。一种情况是，可以通过对自然环境的损害获得对当事人自身具有更大效用的物质利益，这时当事人会毫不犹豫地采取破坏环境的行动获取物质利益。另一种情况是，当自己周围的生态环境被别人用来获取经济利益而遭到破坏时，当事人没有足够的能力阻止这种行为，或者必须付出超过为阻止这种行为而获得的效用的交易成本。

第一种情况说明，环境破坏是内部利益与外部利益的比较问题。即企业在获取自己的物质利益时，没有与外部人签约，没有对外部环境损害给他人造成的损失给予足够的补偿，甚至没有给予任何补偿。如果有一种强制性约束，企业必须在不破坏环境的情况下获取利益，或对破坏了的环境必须进行恢复，那么环境破坏就不会发生。

第二种情况说明，环境破坏者处于强势地位，环境破坏的后果承担者处于弱势地位。环境破坏是强者强加于弱者的环境权利剥夺行为，是一种不公平。因此，弱者利益需要有某种力量来维护。这种利益代表人可以是政府，也可以是非政府组织。

由于循环经济模式得以发展的原因主要是环境和资源压力，因此，发展循环经济就必须解决导致污染的根本原因。显然，技术不能自动从根本上解决上述问题，只有靠制度变革才能解决。如果制度规定企业污染环境必须与外部人签约，对外部人的环境损失进行补偿或对环境进行恢复治理，否则就会被惩罚，那么，企业自然就会研究开发新的技术，减少资源的消耗，减少污染的排放。如果制度规定对环境的保护严格到一定程度，使得循环利用资源、把废弃物变成再生资源重复利用在经济上更有利可图，企业就会自然采用循环经济方式进行生产。因此，循环经济发展的基石是制度和技术使得企业具有微观经济效益。由于减少污染、保护环境本具有外部效益，当内部效益低到对企业没有激励作用的程度时，必须有一种机制，使得企业致力于用循环经济模式进行生产所产生的外部效益内部化。这种机制便是通过立法和政策调整，使得环境具有"价值"，对环境的利用必须支付费用，改善环境可以得到补偿。上述经济分析可以得出一个结论：发展循环经济在免费利用环境和天然资源的经济体制下是不可能的。因此，从经济学的角度看，发展循环经济需要两个基本条件，一是必须进行制度创新，二是必须进行技术创新。制度创新提供发展循环经济的动力，技术创新提供发展循环经济的手段，二者缺一不可。

（三）循环经济的三个层面

1. 组织层次（小循环）

企业内部的物质循环即小循环，属于清洁生产的范畴。把污染预防的环境战略持续地运用于生产过程的各个环节，通过革新工艺、更新设备及强化管理等手段，提高生产率，加大循环力度，实现污染物的少排放甚至零排放。

企业内部的物质循环应该注重生态经济效益，做到减少产品和服务的物料使用量；减少产品和服务的能源使用量；减少污染物质的排放；加强物质的循环使用能力；最大限度可持续地利用可再生资源；提高产品的耐用性、标准化和通用性；提高产品与服务的服务强度，从生产优先到服务优先，由把中心概念建立在交换价值之上的线性经济转化为建立在使用价值之上的循环经济。

2. 区域层次（中循环）

区域循环即中循环，是按照生态学理论和生态设计原则，通过合理布置生产组织和生活，使一种组织的"排泄物"成为另一种组织的"食物"，按生态系统中的"食物链"结构形式完成物质循环和能量流动。

企业之间的物质循环，组织生态工业链，把不同的经济组织连接起来，形成共享资源和互换副产品的产业共生组合，使一家的"三废"成为另一家的原料或能源。

3. 社会层次（大循环）

社会整体循环即大循环，大力发展绿色消费市场和资源回收产业，在整个社会范围内完成"资源—产品—再生资源"的闭合回路。工业产品经使用报废后，其中部分物质返回原工业部门，作为原料重新利用。

大循环是针对消费后排放的循环经济，包括城市层次的废弃物再生利用和可持续消费。在产业结构升级和调整的基础上进行"生态结构重组"，即按"食物链"形式进行产业布局，形成互相交错、能量流动通畅、物质良性循环的"产业网"。建立社会大循环的关键在于寻求链接口。目前，世界各国都在积极探索和尝试这种经济大循环模式。例如污水原位再生技术、城市污泥在森林与园林绿地的利用及大气降水回用等技术的研究，成为社会循环经济的一部分。

总之，循环经济是对清洁生产和生态工业理论的拓展。三者是一组具有内在逻辑的理论创新。其中，清洁生产是循环经济的微观基础，工业生态理论是循环经济的中观基础，而循环经济既是对清洁生产内容的两次扩展，对工业生态理论的飞跃，也是实现清洁生产目标的新的方法和途径。循环经济是可持续发展战略的主要载体和具体实现形态。只有当人们的行为从高排放的"牧童经济"转变为低排放的循环经济的时候，一个可持续发展的社会才真正来临。

（四）循环经济的技术战略

1. 循环经济的技术载体

发展循环经济需要有相应的技术支撑。如果说，当代知识经济的主要技术载体是以信息技术和生物技术为主导的高新技术，那么循环经济的技术载体就是环境无害化技术或环境友好技术。环境无害化技术的特征是污染排放量少，合理利用资源和能源，更多地回收废物和产品，并以环境可接受的方式处置残余的废弃物。环境无害化技术主要包括预防污染的少废或无废的工艺技术和产品技术，同时也包括治理污染的末端技术。

2. 循环经济的技术思路

（1）对经济系统进行物流分析

循环经济的生态经济效益最终将明显地体现在经济系统的物流变化上。一个循环经济的经济系统应该大幅度地减少资源输入流，同时大幅度地减少废物输出流，而一个线性经济的经济系统则同时具有巨量的物料输入流和巨量的废物输出流。循环经济的技术思路是要使线性经济两个端点的消耗和排放大幅度降低。生态足迹理论和可持续发展之岛理论指出，一个真正的循环经济系统其物流活动基本上是地区性的。这不是要制造地区间、国际间的生态隔离，而是要尽可能突出所在地区和邻近地区经济之间的相互作用。人们应努力于这样的经济交换：一个地区的物质与能源输入应尽可能来自输出地区的净剩余，而不是单纯的索取，从而避免有损于输出地区的自然资源。

（2）运用生命周期理论进行评估

从循环经济的角度看，对一个经济系统（无论是企业、城市还是国家）的输出输入和环境影响进行分析评估，必须立足于整个过程和整个系统，而不是仅仅涉及其中的一个环节或一个局部。因此，生命周期评估理论构成了循环经济的微观技术思路。它要求从物质和能源的整个流通过程，即从开采、加工、运输、使用、再生循环、最终处置六个环节对系统的资源消耗和污染排放进行分析，从而得到全过程全系统的物流情况和环境影响，由此评估系统的生态经济效益优劣。运用生命周期理论可以避免传统线性思维从某一个单独的环节进行环境影响评估的局限。

（3）生命周期评估的三个环节

作为循环经济技术基础的生命周期研究，通常由三个典型部分组成：①数据收集。首先需要收集经济系统的数据，以对能源和原材料需求、大气排放、水体排放、固体废物产生以及经济活动各阶段产生的其他环境排放进行量化。②影响分析。在前一环节基础上描述和评价所识别到的环境负荷影响，包括对生态与人类健康的影响以及对生活环境改变方面的影响。③改善分析。最终需要系统地评估降低环境负担的需求和机会，而改进的措施应该涉及经济循环的各个环节，如改变产品、工艺及活动的设计，改变原材料的使用，改变工业加工过程，改变消费者使用方式及改变废物管理方式等。

（五）循环经济与可持续发展

1. 循环经济是社会经济发展的保证

自然资源的利用方式是实现社会经济发展的决定性因素，循环经济强调资源的最优利用和良性循环，这将会有效地解决资源耗竭、短缺和生态平衡破坏的问题，保障可持续地发展。

2. 循环经济是可持续发展协调性原则的有力保证

循环经济是以生态学原则为指导原则，实现自然资源减量化、最优化利用，生产方式生态化、清洁化，尽可能减少对生态系统的干扰，废弃物最少量排放的同时最大限度地产生社会经济效益，使社会经济系统对自然生态系统的污染和破坏降低到最低限度，至少保持在生态系统承载力以内，保护生态系统的稳定、平衡，同时把生态建设作为发展模式的重要组成部分，促进经济与生态的协调发展。

3. 循环经济促进区域间的协调发展

循环经济在发展经济的同时，从社会、经济、自然环境大系统的角度，而不是将局部割裂地看待和分析系统，根据自然资源和环境状况因地制宜地制定其发展战略、政策等，从而打通资源再利用、多次循环利用的通道，大大降低由于资源拥有量差异带来的区域间的发展不平衡，实现区域间的扬长避短、优势互补和经济交流、合作，有利于消除地区差别。

4. 循环经济保障资源利用的代际均衡

循环经济遵循资源在时间、空间、数量上实现最优利用的原则，提倡尽可能利用可再生资源和回收循环利用资源，减少不可再生资源的消耗量。遵循生态学原则，保证生态环境资源的持续再生能力，实现资源在时间层面上的最佳利用，强调使当代人给后代留下不少于自己的可利用资源量，从而实现资源利用的代际均衡原则。

5. 循环经济与可持续发展都遵循生态学原则

循环经济遵循与生态环境友好的原则，与自然生态环境协调发展的原则，高效的原则，子系统内部高效、协调、平衡的原则，持续发展的原则。与可持续发展的协调发展和推行生态型生产与发展模式相一致。

二、我国发展循环经济的意义及措施

（一）我国发展循环经济的意义

发展循环经济是从根本上减轻环境污染的有效途径。当前，我国生态环境总体恶化的趋势尚未得到根本扭转，环境污染状况日益严重。水环境每况愈下，大气环境不容乐观，固体废物污染日益突出，城市生活垃圾无害化处理率低，农村环境问题严重。大量事实表明，水、大气、固体废弃物污染的大量产生与资源利用水平密切相关，同粗放型经济增长方式存在内在联系。

发展循环经济是提高经济效益的重要措施。目前我国资源利用效率与国际先进水平相比仍然较低，突出表现在：资源产出率低、资源利用效率低、资源综合利用水平低、再生资源回收和循环利用率低。实践证明，较低的资源利用水平，已经成为企业降低生产成本、提高经济效益和竞争力的重要障碍；大力发展循环经济，提高资源的利用效率，增强国际竞争力，已经成为我国面临的一项重要而紧迫的任务。

发展循环经济是应对新贸易保护主义的迫切需要。在经济全球化的发展过程中，关税壁垒作用日趋削弱，包括"绿色壁垒"在内的非关税壁垒日益凸显。近几年，一些发达国家在资源环境方面，不仅要求末端产品符合环保要求，而且规定从产品的研制、开发、生产到包装、运输、使用、循环利用等各环节都要符合环保要求，对我国发展对外贸易特别是扩大出口产生了日益严重的影响。要高度重视，积极应对，尤其是要全面推进清洁生产，大力发展循环经济，逐步使我国产品符合资源、环保等方面的国际标准。

总之，发展循环经济有利于形成节约资源、保护环境的生产方式和消费模式，有利于提高经济增长的质量和效益，有利于建设资源节约型社会，有利于促进人与自然的和谐，充分体现了以人为本、全面协调可持续发展观的本质要求，是关系中华民族长远发展的根本大计。要从战略的高度去认识、用全局的视野去把握发展循环经济的重要性和紧迫性，进一步增强自觉性和责任感。

（二）我国发展循环经济的措施

发展循环经济要坚持以科学发展观为指导，以优化资源利用方式为核心，以提高资源生产率和降低废弃物排放为目标，以技术创新和制度创新为动力，采取切实有效的措施，动员各方面力量，积极加以推进。

1. 转变观念

加快发展循环经济，必须摒弃传统的发展思维和发展模式，把发展观统一到坚持以人为本、全面协调可持续的科学发展观上来，在发展思路上彻底改变重开发、轻节约，重速度、轻效益，重外延发展、轻内涵发展。

2. 搞好规划

要把发展循环经济作为重要原则，用循环经济理念指导编制各类规划。加强对发展循环经济的专题研究，加快节能、节水、资源综合利用、再生资源回收利用等循环经济发展重点领域专项规划的编制工作。建立科学的循环经济评价指标体系，研究提出国家发展循环经济战略目标及分阶段推进计划。

3. 调整结构

加快发展低耗能、低排放的第三产业和高技术产业，用高新技术和先进适用技术改造传统产业，淘汰落后工艺、技术和设备。严格限制高耗能、高耗水、高污染和浪费资源的产业。用循环经济理念指导区域发展、产业转型和老工业基地改造，促进区域产业布局合理调整。开发区要按循环经济模式规划、建设和改造，充分发挥产业集聚和工业生态效应，围绕核心资源发展相关产业，形成资源循环利用的产业链。

4. 完善政策

通过深化改革，形成有利于促进循环经济发展的体制条件和政策环境，建立自觉节约资源和保护环境的机制。结合投资体制改革，调整和落实投资政策，加大对循环经济发展的资金支持；进一步深化价格改革，研究并落实促进循环经济发展的价格和收费政策；完善财税政策，加大对循环经济发展的支持力度；继续深化企业改革，制定有利于企业建立符合循环经济要求的生态工业网络的经济政策。

5. 依靠科技

重点组织开发和示范有普遍推广意义的资源节约和替代技术、能量梯级利用技术、延长产业链和相关产业链接技术、"零排放"技术、有毒有害原材料替代技术、回收处理技术、绿色再制造等技术，努力突破循环经济发展的技术瓶颈。积极支持建立循环经济信息系统和技术咨询服务体系，及时向社会发布有关循环经济的技术、管理和政策等方面的信息，开展信息咨询、技术推广、宣传培训等。

6. 示范推广

在重点行业、重点领域、工业园区和城市开展循环经济试点工作。通过这些试点，我们旨在实现以下几个目标：①提出循环经济发展的模式，包括重大技术领域和重大项目领域。

②建立循环经济综合评价指标体系。

③完善再生资源回收网络，以及促进再生资源循环利用的法规、政策和措施。

④提出按照循环经济模式规划、建设、改造工业园区和城市发展的思路。

⑤树立先进典型案例，为加快发展循环经济提供示范和借鉴。

这些措施旨在推动循环经济的实践，促进可持续发展，并为相关领域提供可复制的成功经验。在企业全面推行清洁生产，为发展循环经济奠定微观基础。

7. 强化管理

加强企业资源环境管理是发展循环经济的基础。企业要建立健全资源节约管理制度，加强资源消耗定额管理、生产成本管理和全面质量管理，建立车间、班组岗位责任制，完善计量、统计核算制度，加强物料平衡。建立有效的激励和约束机制，完善各项考核制度，坚持节奖超罚，调动职工节约降耗、综合利用和实施清洁生产的积极性。

8. 宣传教育

要组织开展形式多样的宣传培训活动，提高全社会特别是各级领导对发展循环经济重要性和紧迫性的认识，引导全社会树立正确的消费观，鼓励使用绿色产品，抵制过度包装等浪费资源行为，把节能、节水、节材、节粮、垃圾分类回收、减少一次性产品的使用逐步变成每个公民的自觉行为，逐步形成节约资源和保护环境的生活方式和消费模式。

9. 加强领导

各地区、各有关部门要加强对循环经济发展工作的组织领导，确定专门机构和专人负责，做到层层有责任，逐级抓落实。要加快研究制订循环经济发展的推进计划和实施方案，加强部门间的合作，建立有效的协调工作机制，扎扎实实地推进循环经济发展。

第二节 煤炭矿区循环经济发展模式分析

一、煤炭矿区发展循环经济的原则

煤炭矿区发展循环经济要立足于生产与消费过程中资源消耗与废弃物的减量化、再利用与资源化，促进煤炭企业经济效益、社会效益和环境效益的同步增长，实现矿区经济与环境的协调发展，最终建成经济发达、环境优美、社会和谐的矿区。

（一）全过程原则

针对煤炭开发与利用的特殊性、复杂性和广泛性，煤炭矿区发展循环经济要遵循全程化原则。煤炭开发与消费的全过程既要重视煤炭资源的高效开发与回收，也要重视煤炭资源的高效利用。

全程减排废弃物要求从煤炭生产的源头减少废弃物的排放，并在煤炭使用前、使用中和使用后采用各种先进技术与工艺，减少废弃物的排放。

（二）全方位原则

针对废弃物的多样性，煤炭矿区发展循环经济要遵循全方位的原则。废弃物的全方位利用要求既要重视煤炭生产中产生的废弃物，也要重视煤炭消费中产生的废弃物，还要重视土地资源的保护。要全方位地对废弃物进行回收与资源化再利用；既要重视煤炭资源的开发，也要重视共伴生矿物的开发和利用，以减少浪费、减少污染。

二、煤炭矿区发展循环经济的基本思路

（一）煤炭生产环节

根据煤炭矿区发展循环经济的基本原则，矿区要推行清洁生产，提高资源、能源利用效率，减少污染物产生量与排放量，促进煤矿开采的技术创新，使有限的煤炭资源得到最大限度充分合理的利用。

在矿井设计时就要遵循循环经济的"3R"原则，考虑矿井在生产期间可能出现大量的废弃物，配套建设洗煤厂、煤矸石热电厂、矿井水处理站、建材厂等。整体设计规划上要按"输入—过程—输出"进行全过程物质循环利用，由整个生产系统构成工业性的

"生态"平衡。在煤炭的开采过程中要节能、使用可再循环的原材料、提高资源回收率。基本思路如下：

1. 集约化生产、提高资源回收率

优化煤炭产业组织，实施大集团战略，建设高产高效集约化矿井，依据资源条件，合理确定新建矿井规模，重点建设大中型矿井，限制小型矿井，从源头上减少煤炭占用量，减少浪费。

从工艺、技术、装备等方面实质性改变煤矿的生产状况，提升煤矿的生产能力和回采率，最大限度地开发出已动用的资源。选择适合煤炭资源赋存条件的开采方式，提升煤炭资源的开采范围，研究新的生产设备、新的采煤方法、采煤工艺，以提高薄煤层、特殊煤层、"三下一上"煤层的采出率。

2. 清洁开采

清洁开采是立足于煤炭开采的生产过程，通过对采煤方法和工艺、岩层控制以及相关技术的开发和应用，改变传统开采工艺造成的生态与环境破坏问题。

（1）地下气化

加强煤炭地下气化技术的研究，将气化遗留的煤柱、采用常规方法不宜开采的煤和限制开采的高硫煤为主要方向，以达到回收煤炭资源的目的。

（2）减少煤矸石排放

改革开拓巷道布置方式，优化采区巷道布置，选择合适的采煤方法和生产工艺，减少煤矸石的产生。同时，要大力推行井下煤矸石处理技术，从根本上消除煤矸石污染的危害。

（3）减轻地表沉陷

根据资源条件和地质情况，采用充填、联合、协调、条带等适当的开采方法，控制地表沉陷。

（4）减少瓦斯直接排放

推广高效瓦斯抽放技术，实现综合抽放，提高抽放量和抽放效率。研究低浓度瓦斯的回收、浓缩技术，减少瓦斯直接排放量。

（5）减少水资源破坏

开展采矿与排水对环境影响研究，加强保水采煤技术的研究与工业性试验，限制和降低煤炭开采过程对水资源的破坏。采取相关措施，将未被污染的干净地下水用管道排到地面，减少污水的排放量。

（6）减少材料消耗

煤炭企业在生产过程中，不仅消耗大量电力，也要消耗大量的钢材、建工材料、火工材料、油脂及木材等。为此，应在煤炭企业大力推广节能装备、节能工艺与技术，减少生产过程中的能源及材料消耗。

3. 污染物控制与资源化

污染物控制与资源化就是要最大限度地利用煤炭生产过程中排放的污染物，保护和改善生态环境。

（1）瓦斯利用

研究瓦斯地面开发和井下抽放两种方式的适用性与经济性。研究生产适合我国瓦斯地质条件的钻井、压裂和排采工艺技术和设备。大力发展瓦斯发电、瓦斯化工及瓦斯民用等。

（2）土地复垦

研究采煤塌陷土地的土壤特性变异分布规律、塌陷地不同复垦工程方法的复垦土壤重构技术、塌陷地复垦土壤改良技术、塌陷地复垦耕地土壤特性的时空变化规律，确定开采塌陷后土地复垦的最佳时机及土壤重构、改良的方法技术，形成适应煤炭矿区生态环境保护的开采工艺和采煤塌陷地复垦土壤重构技术。

（3）煤矸石综合利用

主要领域是煤矸石发电、煤矸石复垦、煤矸石生产建筑材料、制品及煤矸石制造肥料和提取化工产品。重点应是煤矸石发电和生产建筑材料及制品。

（4）矿井水净化

研究矿井水资源化处理技术，大力推广应用电渗析和反渗透技术，使高矿化度、高硬度矿井水资源化。

（二）煤炭消费环节

1. 清洁贮运

建立封闭贮煤仓，减少露天煤炭堆放量，减少贮煤区的环境污染；建立封闭运煤系统，减少煤炭运输沿线的环境污染。

2. 清洁转化

煤炭转化对提高煤炭利用效率、保护环境、改变终端能源消费结构具有重要的意义。

（1）煤的液化

应该重视煤液化基础研究技术开发工作，优化煤液化技术的工艺，降低煤炭液化的成本，正确定位煤液化代油技术的作用，以达到节约用煤、综合用煤的目的。

（2）煤的气化

逐步改造和淘汰中小规模和落后的煤气化工艺，发展先进的加压固定床、加压流化床和加压气流床技术，把大规模高效煤炭气化工艺作为今后的发展和应用方向。

（3）多联产技术

这是煤化工的发展方向。它将多种煤炭转化技术通过优化集成组合在一起，可同时生产各种化学品、液体燃料以及燃气、电、热等洁净二次能源，实现了煤炭价值的梯级利用，使煤炭利用效率和经济效益得到优化。

3. 洁净燃煤

以提高效率、减少污染为宗旨的洁净燃煤技术，已成为世界煤炭利用技术发展的热点，是国际高科技竞争的重要领域之一。因此，推广先进、洁净燃煤技术是提高燃煤效率、保护和改善环境的重要手段。

（1）应用先进发电技术

综合考虑技术成熟度和可用率、发电效率、单位煤耗、环保性能、投资和成本等因素，应大力推广超临界和超超临界机组。

（2）推广烟气净化技术

应加大力度，推广烟气脱硫技术、烟气除尘技术、烟气脱硝技术和脱硫脱硝一体化技术，减少电厂的烟气污染。

（3）粉煤灰综合利用

主要领域是粉煤灰制作建筑材料、粉煤灰井下回填和充填矿井塌陷区、粉煤灰筑路和从粉煤灰中提取化工原料。

（4）推广循环流化床锅炉

针对我国锅炉煤种供应多变、原煤直接燃烧比例高等特点，用循环流化床燃烧技术改造热电联产和小机组。

三、煤炭矿区发展循环经济的模式

传统的煤炭企业生产是以煤炭资源的开采和洗选初加工为主，经济增长是按照"资源—产品—废物排放"的模式来实现。在为社会提供大量煤炭的同时，也带来一系列的环境问题。一方面，生产过程中排放的大量的煤矸石和煤泥、井下排水、开采引起的土地资源破坏是导致生态环境破坏的主要因素；另一方面，作为可再生利用的大量废物资源长期以来未能系统有效地加以利用。传统的物质单向流动的线性发展模式已不能适应矿区社会经济发展的需要，发展循环经济是矿区的最佳选择。矿区循环经济模式应是一个具有多重物质多次利用和再生循环的网、链结构，是一种"资源—产品—再生资源"的闭环反馈流程和具有自适应、自调节功能的以及与生态环境系统的结构和功能相结合的经济系统。

根据煤炭矿区发展循环经济的原则，确立煤炭矿区循环经济发展模式。煤炭矿区循环经济发展模式体现了煤炭企业从单一的线性模式走向以"3R"原则为主要方式的多重循环的发展模式。煤炭矿区循环经济发展模式基本涵盖了煤炭开采、加工、综合开发和利用、地下气化等内容。

煤炭矿区发展循环经济应注意以下问题：

第一，以煤炭资源的稀缺性与不可再生性为出发点，强调节约，把源头治理作为重点。主要体现在以下方面：一是千方百计提高煤炭资源回收率，最大限度地避免开采和加工过程中造成的资源浪费；二是大力节约煤炭企业自身在生产、加工过程中的能耗及物耗；三是把综合开发和综合利用作为充分利用资源、提高边界效益和环境质量的重要手段。

第二，以环境承载力的有限性与环境问题为切入点，把清洁生产和提高经济效益结合起来，贯穿整个生产、加工及转化的全过程。煤炭企业的环境问题有行业的特殊性，大气环境、生态环境问题比较突出，还要解决安全环境和劳动作业环境问题，治理成本高。因此，要把治理环境与经济效益结合起来，尽一切可能使投入有所回报。

第三，发展以煤炭生产基地为中心的相关多元化产业集群，充分发挥协同作用和聚合作用。主导方向是发展煤—电、煤—焦、煤—化、煤—建以及煤—路等相关产业。当然，发展非煤产业并不是越多越好，更不能简单地把非煤产业比重的高低作为企业优劣的衡量标准，要切实做到以市场为导向，以经济效益为中心，并结合当地和企业的具体条件，经过充分论证，再行决策。

四、煤炭矿区循环经济的实施

（一）煤炭企业内部的循环经济

这种形式属于微观层次上的循环经济，为厂区内各工艺之间的物料循环。工业场地内配套建设热电厂和建材生产线，矿井开采排放矸石、煤泥等固体废物可以用作电厂的燃料，电厂产生的灰渣作为生产建材的原料，井下排水经过处理后作为水源供给矿井和电厂，以达到少排放甚至零排放的环境保护目标。新建矿井在设计规划时就要同步建设资源利用的循环经济项目，如延伸煤炭产业链，在发展煤—电—建材循环经济产业链的同时，发展煤—化工、煤—焦等高附加值产业，实现多元化经营，提高经济效益，促进循环经济的良性发展。

（二）企业之间的循环经济

这种形式属于中等程度的循环经济。可根据矿井分布情况合理集中布置一定规模的热电厂、建材厂等各种废物综合利用企业，形成共享资源和互换副产品的产业共生组合。矿区内的矸石、煤泥集中供给热电厂作为燃料，热电厂为矿区煤炭企业供电供热；建设矿井排水集中处理厂，处理后的水用于矿区生产供给水；把固体废物的利用与矿区生态建设结合起来，形成规模经济效应，有利于提高矿区的整体效益。如加强矿区环境综合治理，以土地复垦类型的矿区生态重建示范基地，逐步形成与生产同步的生态恢复建设机制。

（三）煤炭企业和社会之间的循环经济

企业和社会之间的循环经济比较符合资源型矿区的实际状况，其开采时间长，废物资源极为丰富，煤炭企业仅靠自身难以发展规模化的循环经济。可以由政府出面组织实施建立煤炭企业与社会之间的循环经济，采取多种融资渠道和多种经营方式，根据矿区的实际情况，集中建设一定规模的低热值燃料电厂和矸石建材厂，将各种矿井废物集中作为综合利用原料，如此能够解决中小型矿井发展循环经济所面临的资金、场地等实际问题，形成规模化和集约化的"资源—产品—再生资源"的整体社会循环，真正实现循环经济的闭环体系。

第三节　煤炭矿区发展循环经济支撑技术

一、煤炭矿区发展循环经济支撑技术体系

（一）煤炭企业循环经济技术创新目标

煤炭企业循环经济技术创新的目标就是要实现煤炭生产利用的经济效益、社会效益和环境效益的协调统一，确保能源安全稳定供应，保障社会、经济平稳较快发展。具体目标体现在以下六个方面。

1. 提高安全保障水平

煤炭开采不当会产生危害煤矿正常生产和人民生命财产安全的事故，例如瓦斯爆炸、瓦斯突出、顶板冒落、采空区发火、矿井突水、地面塌陷、崩塌等自然灾害，一旦发生，将会造成大量人员伤亡和经济损失。煤炭开采安全为大，煤炭企业必须通过各种循环经济

技术创新，提高煤炭开采的安全水平。

2. 提高资源综合利用率

煤炭企业在煤炭开发过程中应尽可能减少对其他资源（如土地、水和空气）的连带破坏和浪费，提高资源回收率，还应考虑节约因素，提高煤炭的利用效率，充分挖掘煤炭资源的潜能，通过资源的综合利用、二次资源的利用以及节能、节电、节水，合理利用煤炭资源，提高煤炭资源附加值。

3. 提高生产效率及经济、社会效益

煤炭企业的生产经营在重视生态环保、提高社会效益及环境效益的同时，也要注重提高经济效益，做到经济发展、生态环保相协调，效率的提高是经济效益提高的保证。

4. 降低运行能耗

煤炭企业进行循环经济技术创新的主要目标是最大限度地节约能源、降低能耗，因此，要把节能减排贯穿到煤矿活动的全过程，最大限度地减少能源（电、水、煤炭）的消耗，开发、集成应用各项节能技术来推动节能减排、减少能耗的实施，使整个生产过程实现生态环保。

5. 减少污染和废弃物排放

煤炭的开采和利用对生态环境产生了多方面的严重影响，煤炭企业进行循环经济技术创新应将保持良好的生态环境作为一个重要的基本约束，以"零排放""无污染"为最高目标，集成与研究循环经济技术，并应用于煤炭资源开发全过程，减少污染和废弃物排放，促进煤炭清洁产品的生产、消费过程与环境相容，降低整个生产活动对人类和环境的风险。

6. 减少对地下水、地表及自然环境的扰动和破坏

煤炭企业进行循环经济技术创新，就必须关注煤矿开采和废弃物利用对自然环境的扰动和破坏。虽然不能绝对保证对自然及生态没有扰动，但应采取先进的技术和管理措施，尽量减少扰动和破坏。矿井开采对地下水系可能造成破坏，同时可能造成矿井突水的灾害，造成大量的伤亡事故和经济损失；还有可能由于井下垮落造成地表的塌陷，破坏地表的生态和自然环境；另外，在开采中废弃物（矸石）及排放的瓦斯会对自然环境及生态造成影响和破坏。针对以上情况，应在矿井设计、建设、生产、关闭、废弃物利用的全过程考虑对地下水、地表及自然环境的扰动和破坏，使煤炭企业在煤炭的开采和利用过程中对生态的影响是可控的。

以上六个目标可以总结成"三高三低"，即高能效、高效率、高效益、低能耗、低排

放、低污染。所谓高能效就是提高能源的利用率；高效率就是提高单位时间内煤炭产量或废弃物的利用量；高效益就是提高煤矿的经济及社会总体效益，这是煤矿建设的主要目标，只有高效益获得发展和建设的充足的人力和物质资本，才能更好地开展煤矿生态建设工作，煤矿能效和效率的增加也必然能导致煤矿效益从经济、社会、环境三个方面的增加。在达到"三高"的同时，根据循环经济技术创新的总体目标，必须实现"三低"，即低能耗、低排放、低污染。低能耗就是降低煤矿运行能耗，节能、节水和节资；低排放就是减少废弃物的排放量；低污染就是虽有排放，但不能对生态环境造成严重污染。

（二）煤炭矿区发展循环经济支撑技术体系框架

煤炭矿区发展循环经济支撑技术体系包括煤矿井下清洁开采技术、煤炭开采伴生物治理及资源化技术、煤矿地表生态治理技术、煤炭清洁转化技术与煤炭清洁燃烧技术五个方面。

煤矿井下清洁开采技术就是考虑环境保护、减少污染的煤炭开采技术，是以控制岩层移动为基础，以保护环境为原则，利用煤与瓦斯共采、保水开采、减尘开采等开采方法，减少废弃物和环境有害物排放，在环境损害最小状态下达到最大的资源回收率的开采技术。其作用是减轻污染后治理的难度和工程量；基本出发点是从开采的角度防护或尽可能减轻开采煤炭对环境和其他资源的不良影响；目标是取得最佳的经济效益、环境效益和社会效益。

煤矿井下清洁开采技术包括五个方面：煤矿清洁生产整体规划技术就是在矿井开发之前，对如何改善煤炭生产环境和清洁生产，做一个整体的规划、进行全面安排的技术；煤炭资源节约型开采技术就是从资源勘查开发规划、开采布局、开发方案、开采监管和提高加工回收率入手，推广应用先进适用技术和装备，建立节约型生产方式，提高煤炭资源勘查、开采和加工效率，提高煤炭资源保证程度和安全供应能力的技术；清洁采煤方法及生产工艺就是坚持"安全、清洁、高效、低耗、高回收率"的原则，正确选择有利于煤的清洁生产的方法和工艺，又可分为厚煤层开采技术、薄煤层开采技术、保水开采技术、矸石井下处理技术、矿井水井下处理及利用技术和粉尘治理技术；煤炭地下气化技术是集绿色开采与清洁转化为一体的洁净能源技术，是将固体煤层通过燃烧热化学作用就地转化为流体煤气的化学采煤方法，是地下煤制气生产化工合成原料气的煤化工先导技术，是大规模、低成本、环保型的地下煤水气化制氢工程的高新技术；巷道布置及掘进技术是在满足安全生产的前提下，遵循"多掘煤巷、少掘岩巷"的原则，从源头上减少井下矸石的排放量、消除煤矸石污染、改善矿井环境的技术，可分为无岩巷布置及掘进技术、无煤柱护巷技术和巷道优化布置技术。

煤炭开采中的伴生物种类多，组成复杂，分采、分选、分离过程困难。随着科技发展、生态环境治理力度的加大，对煤炭开采伴生物的治理及资源化技术在不断提高，具体包括煤矸石治理及资源化技术、煤系伴生矿产治理及资源化技术、煤层气治理及资源化技术、矿井水治理及资源化技术、煤泥治理及资源化技术、粉煤灰治理及资源化技术和矿井地热利用技术。

煤矿地表生态治理技术是指根据采矿后形成废弃地的地形、地貌现状，按照规划的要求，并结合采矿工程特点，采用采矿设备，纳入采矿工艺，对破坏土地进行综合整治，其核心是保护与修复，其目的是创造一个良好的生态环境。具体包括沉陷区植被修复技术、沉陷区土地复垦技术、工业广场绿化技术和井田土地的保护及绿化技术。

煤炭清洁转化技术是指煤炭被采出后，转化为其他形态，以更加清洁的方式加以利用，主要包括煤气化技术与煤液化技术。煤炭清洁燃烧技术是指煤炭在燃烧前、燃烧中、燃烧后清洁利用的相关技术，主要包括煤炭燃烧前净化技术、煤炭燃烧中净化技术与煤炭燃烧后净化技术。

二、煤矿井下清洁开采技术

（一）煤炭资源节约型开采技术

1. 提高回采率的对策

（1）科学规划，提高煤炭资源开采利用水平

煤炭资源不可再生，开发和利用一定要在科学规划、周密安排的前提下进行。制定并实施煤炭资源开发利用标准及规划，提高煤炭资源开采利用水平，全面促进煤炭工业的持续健康发展，不能只顾眼前利益。国家和省（自治区、直辖市）的国土资源和煤炭行业管理部门应加强对煤炭开发、利用的控制，形成统一规划。

（2）依靠科学技术提高资源回采率

依靠科技进步和技术创新，采用先进的开采技术，淘汰落后的生产工艺，提高煤炭资源的回采率。

第一，提高煤炭资源回采率应与科技进步相结合。可通过引进和采用先进技术，使薄煤层得到较好的开采利用。这样既可做到高产高效，又可提高企业的经济效益。实践说明，许多资源利用难题是可以通过技术进步得到解决的，关键在于是不是把资源的可持续开采利用放在企业长远发展、国家资源充分利用、子孙后代能够享用的战略高度来认识。

第二，加强边角煤开采技术与装备的研究，开发适合我国煤层和矿井开采技术条件的高效短壁开采工艺及其配套生产装备。

第三，采用节约资源的开采方式。矿井必须采用壁式开采方式；有条件的矿井应推广沿空留巷或沿空掘巷技术，以提高资源回采率。

第四，复采措施。过去由于煤炭市场低迷，很多煤矿采肥丢瘦，甚至只采出块煤。应尽快制定措施，在保证安全的前提下进行复采。

（3）加强管理，提高煤炭资源的回采率

第一，成立职能统一、责权统一的行业管理机构。由于种种原因，煤炭行业的主管部门几经变化，已没有职能统一、责权统一的行业管理机构。行业管理被弱化，许多问题难以得到有效的解决，下情难以上达，行业发展缺乏统筹考虑，发展后劲不足。鉴于此，必须从体制上解决煤炭行业发展的问题，制定并实施煤炭资源开发利用标准及规划，提高煤炭资源回收率，全面促进煤炭工业的持续健康发展。

第二，通过行政手段和经济手段相结合的办法减少对煤炭资源的浪费。国家应高度重视和解决煤炭资源开发浪费问题，从煤炭资源管理、开发体制上进行改革，通过资源有偿使用、资本化运营等多种方式解决该问题。①对煤炭资源的回采率实行强制性规定。回采率标准除根据煤层厚度划分外，还应根据具体的开采技术条件进行划分。就煤炭资源回采率这一指标，应做到赏罚分明。②要用法律法规和市场调节机制约束和规范煤炭开采。企业合理有效地开发利用资源，实现保护性开采。要提高办矿准入条件，使企业建设之初就具备较高的技术水平。③调整资源税征收办法。首先要对资源税进行改革，尽快改变目前的按采出量征收资源税的办法。由现在按产量征收改革为按资源消耗量征收，即按划分给开采企业的资源储量来计算，如果企业浪费了，仍需交纳补偿费。其次要制定资源回收率的评价标准，按资源回收率确定相应的收税标准，资源回收率越低，资源税越高，从税收上促使企业提高回收率。④完善煤炭资源管理办法。严格资源审批管理制度，并且要落实储量管理责任，制定储量管理考核奖惩办法和储量损失审批办法，彻底改变严重浪费煤炭资源现象。

第三，清理整顿小煤矿。应清理整顿小煤矿，对其实施资源整合，进行联营改造，以达到减少矿点、扩大规模、优化矿井布局、提高技术水平、提高煤炭资源回收率的目的。

（4）鼓励开采劣质煤和极薄煤层

第一，开采劣质煤和极薄煤层，生产经营成本较高，经济效益比开采优质煤低，需要有相关政策支持，才能吸引社会对该类资源利用价值的关注。因此，应给予一定的税收优惠政策。

第二，国土资源部门在划定矿区开采范围时，劣质煤、极薄煤层一般未计算储量，未进行储量登记，矿井如果开采，属超层越界。若进行了储量登记，进行开采则需要交纳资源转让价款，企业难以承受。应该对该类边际煤炭资源单独进行储量登记，不交或尽量少交资源转让价款。

第三，地质部门在地质勘探工作中应将所有煤层，包括未达到可采厚度的煤层都详细叙述，并根据各地区的实际开采情况绘制有可能开采的各煤层底板等高线及储量计算图。实际上，有些煤层未达到可采厚度或煤质较差，若单独开采不经济；若属近距离煤层群，在开采时往往开拓、准备巷道已布置完善，对劣质煤或极薄煤层只需布置短石门和回采巷道即可开采。全国这类极薄煤层较多，总的资源量是很可观的。在地质勘探工作中，应重视对这类边际资源的调查，估算其资源量，为开采利用这类边际资源创造条件。

（5）充分利用零星分布的小块煤炭资源

每个煤田都有零星分布的小块煤炭资源，这类资源面积小，资源量不大，特别适合小煤矿的开采。由于这类资源分布面广，总的资源量较大，应对其展开资源调查。另外，在规划的矿区范围内，适合建大矿的应坚决建大矿，但在设计时往往会人为规定一个开采上限，无形中就将冒头煤丢掉，浪费了宝贵的煤炭资源。为合理开发零星分布的小块煤炭资源和大矿冒头煤，在不影响大矿安全的前提下，应限制性地新开办一些小煤矿。

2. 薄煤层开采技术

（1）薄煤层开采的特点

在我国井工开采矿井中，长壁式采煤法是目前采用的主要采煤方法。近年来，机械化长壁采煤技术和装备在中厚及厚煤层中发展很快。在中厚煤层中装备大功率采煤装备实现综采工作面高产高效，在厚煤层中实现了一次采全厚综采放顶煤高产高效，说明长壁综合机械化采煤法在工作面单产、效率和经济效益方面具有显著优越性。我国薄煤层开采也主要采用长壁采煤法，但由于开采煤层厚度小于1.3米，与中厚及厚煤层相比，开采薄煤层机械化长壁工作面主要存在以下问题。

第一，采高低，人员在工作面只能爬行，工作条件差，设备移动困难。特别是薄煤层综采工作面中，当最小采高降到1米以下时，人员进入工作面或在工作面内作业都非常困难。而且薄煤层采煤机械和液压支架受空间尺寸限制，设计难度大。液压支架立柱通常要双伸缩甚至三伸缩，增加了制造成本。

第二，采掘比大，掘进率高，采煤工作面接替困难。随着长壁机械化采煤技术的发展，工作面推进速度大大加快。但由于薄煤层工作面回采巷道为半煤岩巷，巷道掘进手段没有多大的变化，仍以打眼放炮、人工装煤为主，掘进速度很慢，造成薄煤层综采工作面接替紧张。

第三，煤层厚度变化、断层等地质构造对薄煤层长壁工作面生产影响比开采中厚及厚煤层工作面要大，造成薄煤层长壁综采或机采工作面布置困难。

第四，薄煤层长壁机械化采煤工作面的投入产出比低，经济效益不如开采厚及中厚煤层工作面。一个薄煤层综采工作面的设备投资不比设备装机功率和支架工作阻力相当的中厚煤层综采工作面少，但薄煤层综采工作面的单产和效率一般只有中厚煤层综采工作面的一半，甚至更低。

由于薄煤层长壁开采的特殊性，造成薄煤层长壁综采发展缓慢，目前主要以机采和炮采为主，而且开采薄煤层的矿井或工作面的经济效益多数不理想。所以，应针对薄煤层的开采特点，发展薄煤层长壁采煤工艺和装备。目前国内外薄煤层机械化开采的采煤工艺主要有长壁式开采、螺旋钻采煤、连续采煤机房柱式开采和短壁式开采。

（2）薄煤层采煤方法

①薄煤层长壁式采煤工艺

无论是综采工艺还是机采工艺，主要特点与中厚煤层大同小异，所不同的是落煤机械除了滚筒式采煤机外，还有刨煤机、刨运机等。由于薄煤层采高小，顶板压力小，围岩变形破坏程度也小，因此工作面支护强度小于中厚煤层工作面。顶板管理可采用冒落法、缓慢下沉法和局部充填法。如果回采工作面的直接顶（或伪顶）、直接底为炭质泥岩或炭质页岩，为生产方便和提高效率，可人为地加大采高进行开采。对赋存稳定、地质构造简单的薄煤层可采用机械化长壁开采。薄煤层机械化长壁开采工艺主要有以下三方面的特点。

A. 采用沿空留巷无煤柱开采技术

薄煤层机械化长壁式开采，回采巷道半煤岩巷掘进是一个突出的问题。薄煤层工作面巷道变形量小，维护容易，因此在积煤层工作面广泛采用沿空留巷技术。常用的沿空留巷技术有无巷旁支护沿空留巷；矸石带护巷沿空留巷；木垛护巷沿空留巷；密集支柱沿空留巷；砌预制构件垛护巷沿空留巷；巷旁充填沿空留巷，包括风力充填和高水剂材料充填。沿空留巷无煤柱开采的关键是巷旁支护和防漏风问题。我国先后成功地引进了风力和泵送充填巷旁技术。

B. 加大工作面长度，布置对拉工作面

影响工作面长度增加的主要因素是刮板输送机铺设长度和开采煤层的赋存条件。解决薄煤层工作面长度短的有效办法是采用对拉工作面布置。对拉布置两对拉工作面共用一条运输顺槽，可以同步推进，也可以相错 1~3 个循环。对拉工作面布置方式在薄煤层机采和炮采工作面应用很广，它可以减少巷道掘进量，缓解薄煤层开采的工作面接替紧张等问题。

C. 加大工作面推进长度，采用旋转开采和往复式开采

为了加大薄煤层综采工作面连续推进长度，减少工作面搬家次数，可采用旋转开采技术。我国的实践证明，对顶板稳定的薄煤层综采工作面，旋转开采是一种有效的方法。工

作面旋转角度视具体情况而定，可在 45°～180°选择。工作面也可以围绕顺槽旋转 180°，进行往复式开采。

②螺旋钻采煤法

A. 螺旋钻采煤机

螺旋钻采煤机主要由主机、钻具、泵站及多功能控制装置组成，并配有安全闭锁保护装置，采用电机主传动、液压推进的工作方式。钻具部分可安装 2 个、3 个或 4 个钻头。每个钻孔宽度可从 1.14 米调整到 2.77 米，使效率和煤炭资源回收率得以提高。钻具后边采用双螺旋杆推进，较好地解决了水平控制问题。在钻机推进过程中，螺旋叶片将通风喷水系统带入钻孔内，使孔内的瓦斯浓度和粉尘量达到安全标准。该设备附带有起重运输装置，使钻杆安装和拆卸工作实现了机械化，提高了设备的有效利用率。

B. 回采工艺

螺旋钻采煤是一种最简单的薄煤层回采方法，它不需要回采工作面。从已开掘的平巷中，用螺旋钻机向巷道两侧的煤层中钻进。在钻进过程中，螺旋叶片将煤带出钻孔，装入顺槽运输机内向外运出。开采煤层的顶板可靠钻孔间留的小煤柱维护或者使螺旋钻机反转，由螺旋叶片将矸石带入钻孔内，充填钻孔支撑顶板。

钻孔布置既可以在上（下）山内沿煤层走向向两侧钻采，也可以在平巷内沿煤层倾斜方向向上、下两侧钻采。从回采巷道向两侧钻采宽度（孔深）一般各为 40 米左右，即回采条带的宽度为 80 米。

（3）薄煤层采煤工艺的发展方向

①提高长壁工作面自动化程度

由于薄煤层工作面内作业困难，所以应提高薄煤层工作面采、支、运工序的自动化程度，减少工作面内的操作人员。薄煤层工作面刨煤机落煤比采煤机落煤易于实现自动化。由计算机控制的定量割刨煤机与带有电液系统的液压支架配套，实现工作面自动化采煤是重要的发展方向之一。

②发展无人采煤

发展工作面无人采煤是开采薄煤层（尤其是 1 米以下的薄煤层）不可忽视的技术方向，如采用螺旋钻采煤工艺、短壁工作面钢丝锯采煤工艺和刮斗刨煤机采煤工艺等。在这些采煤工艺中，人员不进入工作面，而在巷道内作业，且具有安全条件好和工艺简单等优点。但无人采煤往往要求采用无支护的顶板管理方法。

③采用煤柱支护法管理顶板

许多无支护的无人采煤工艺均采用煤柱支撑法管理顶板。但近年来国内外越来越多地采用各种方法回收煤柱，即采用煤柱支撑顶板，形成工作面无支护无人开采的条件。采煤后，仍用无支护的无人采煤工艺（如螺旋钻采煤法）回收煤柱。

④采用局部充填法和缓慢下沉法管理顶板

与中厚煤层开采相比，薄煤层开采局部充填的优点相对增加，所以局部充填法也是一个有发展前途的采煤技术。开采薄煤层，尤其是 0.8 米以下的煤层，随着开采厚度的减少和工作面推进速度的提高，不仅可以实现有支护的顶板缓慢下沉，而且可以实现无支护的顶板缓慢下沉。

⑤采用轻型支架和气垛支架

薄煤层工作面支架的运入和运出、支架作业都较困难。由于薄煤层开采顶板压力小，所以允许采用轻型支架，如轻型液压支架、气垛支架等。气垛支架投资少，维修费用低，安全状况好，且易于实现大倾角煤层自移气垛支护，有较好的发展前景。

（二）清洁采煤方法及生产工艺

1. 充填采煤技术

在煤炭地下开采的生产过程中，为了提升、运输、通风等需要，在矿井中掘凿了许多为生产所必需的巷道，同时排出大量的掘进矸石。这些矸石通过提升、运输等环节被排到地面，年深日久形成矸石山，严重污染大气、土壤、水体，有时还会造成重大灾害。同时，地下开采也造成严重的开采沉陷，对地面设施造成破坏，引起建筑物、铁路、公路、其他道路、桥梁、管线、供电和通信系统破坏，地表防洪、蓄水设施等破坏，严重时还会导致局部地区的水旱灾害。开采沉陷使山区风化表土层错动、滑移，水土流失加剧。山区开采沉陷会引发滑坡和泥石流，就是在平原，开采沉陷对矿井本身安全也会造成威胁，如水、沙涌入井下。浅部开采急倾斜煤层或厚煤层形成的漏斗状沉陷坑或台阶状断裂可突然出现，造成的损害猝不及防。

充填采煤技术利用井下或地面煤矸石、粉煤灰等物料充填采空区，达到控制岩层运动及地表沉陷的目的。煤矿生产过程中产生的大量矸石在地面长期堆存，不仅占用土地，而且还排放大量有害气体，严重影响周边环境。此外，矸石作为矿井废弃物外排，在运输和提升过程中，还需要消耗大量设备、电力资源。为从根本上解决地表塌陷和矸石堆存问题，利用充填采煤技术，不仅实现了矸石不升井，消灭了矸石山，置换出煤炭资源，保护环境、节约土地，而且可以避免地面塌陷，保护土地资源。此外，利用充填采煤技术提高了矿井安全保障程度，实现了矿区水系的保护，从根本上改变矿山的生态环境，从而改变煤炭矿山的社会形象。

充填采煤技术主要应用于煤矿"三下"采煤，也可应用于非"三下"采煤工作面采空区充填。充填开采的方式有两种，即掘进巷道充填（条带式开采）和长壁工作面采空区充填开采；充填介质有矸石、混凝土及其混合物、粉煤灰、新材料、黄土等。

（1）巷道矸石充填技术

巷道矸石充填的总体工艺流程为：掘进矸石经矿车运至轨道大巷，再转运到上部车场，由推车机、翻车机卸到矸石仓中，经破碎的矸石直径≤150毫米，然后由给煤机转到充填巷皮带机上，运输到充填巷皮带机的卸载部分，改由充填抛射机进行抛射充填，完成矸石的巷道内充填，迎头矸石在较干燥的情况下边充填、边洒水，以利于矸石堆集。

充填技术工艺流程方法是巷道充填技术的关键，自移式矸石抛矸机是实施矸石充填的关键设备。目前确定巷道充填的最佳工艺流程是矸石充填抛矸机直接充填和高压泵巷道注浆充填相结合。

巷道中采出的是实体煤，充填的矸石是松散的，如何把松散的矸石充满整个巷道，怎样提高密实度，与选择充填方式密切相关，可采取如下措施：

第一，充填巷道尽可能布置成下山俯填。为了防止巷道变形的影响，应坚持快速掘进、快速充填。

第二，充填时尽量采取措施，充满充实，采用高压注浆泵实施巷道注浆，以提高充实度，尽量减少地表移动变形影响。

第三，为避免相邻巷道掘进顶板应力过分集中，扰动已有巷道产生过量变形，影响实际充填效果，实际掘进时应选择合理的巷道布局和掘进、充填顺序。

第四，加强管理，加强巷道形变、充填密实度、矿压及地面观测：当开掘 5~8 条巷道后，地面建立观测站，实施动态、长期观测。

（2）综合机械化固体充填采煤技术

综合机械化固体充填采煤技术是将地面矸石与粉煤灰混合后通过投料钻孔投放到井下，并采用胶带输送机将其运送到充填开采工作面的采空区。通过研制矸石与粉煤灰自夯式充填开采液压支架、充填开采输送机等配套设备，实现矸石与粉煤灰的采空区充填。

该项技术机械化程度高、易于搬家，可广泛应用到开采地质条件复杂、构造断层多、几何形状不规则和块段储量小的场合。相比传统综采，矸石与粉煤灰直接充填采空区可大大降低垮落带和裂隙带高度，可大大减弱工作面矿压显现，工作面没出现明显的初次来压与周期来压现象。

建筑物下综合机械化充填采煤技术革新了煤矿传统采煤方法，特别在充填材料投料设计、充填开采工艺设计与配套设备研制方面，主要特点是将地面矸石与粉煤灰等固体废弃物通过大垂深投料井运至井下进行综合机械化充填采煤，实现运用固体废弃物充填方式进行建筑物下采煤，提高回收率，形成一种井下采煤新的方法。

（3）膏体充填采煤技术

膏体充填工艺是一种新的充填采矿技术，它是把煤矿附近的矸石、粉煤灰、炉渣、劣质土、城市固体垃圾等在地面加工成不需脱水的牙膏状浆体，利用充填泵或重力作用通过管道输送到井下，采出煤炭资源后适时充填采空区，有效控制地表沉陷的采矿方法。

该技术主要包括矸石膏体充填材料及配比、矸石膏体充填系统及工艺、膏体充填综采工艺、矿山压力显现规律、地表移动变形监测等。

技术关键是通过充填支架、矸石膏体充填综采的工业性试验，根据矿井的具体实际，现场观测，找出和总结有关数据。如充填支架的支护强度、适应性，地表下沉量控制，主要技术经济指标等。

在充填留巷时，巷道变形不大，也不剧烈，留巷效果良好，这说明充填开采时工作面的超前支撑压力不大。矸石膏体充填综采技术能使煤炭开采安全可靠，提高煤炭回收率、煤炭的生产能力和经济效益。

（4）超高水充填采煤技术

超高水材料充填采煤技术是在研究我国煤炭资源赋存状况及开采现状的基础上，从提高煤炭资源回收率、减少矿区环境污染与生态破坏的角度出发，综合运用材料科学、采煤学、流体力学等基本原理与方法，通过实验室试验形成的研究利用超高水充填材料进行充填开采的新技术、新工艺与新方法。

2. 保护水资源开采技术

煤炭开采过程中，水资源的破坏问题十分突出。煤矿开采破坏了地下含水层的原始径流，大量排出地下水；采空区上方导水裂隙带与地下水体贯通，形成大规模地下水降落漏斗，造成区域含水层水位下降，直接影响到区域水文地质条件；开采产生的地表沉陷往往影响到地表水体的原始形态，造成部分沟泉水量减少甚至干涸，影响当地居民正常的生产、生活，进而影响区域植被生长，甚至土地沙漠化。

保护水资源开采技术是研究在煤矿开采后上覆岩层的破断规律及地下水漏斗的形成机理，各种地质条件下岩层活动与地下水渗漏的关系，从开采方法、地面注浆等方面采取技术措施，实现矿井水资源的保护和综合利用，使煤矿开采对矿区水文环境的破坏达到最小化。

（1）矿井水的控制

矿井主要充水因素有煤层底板递进导升突水、构造导水、陷落柱突水等。对于底板突水的控制主要采用的是底板注浆加固技术。突水注浆是在水量大、水压高、流速快的条件下进行注浆，采用特殊的施工工艺。注浆效果如何直接关系到开采的安全，为了检验注浆的效果，采用音频电透视技术在注浆前的位置进行探测。目前陷落柱治理方法主要是井下探查定位确定靶区、地面注浆、井下检查井上下相结合注浆；地下水温度异常时陷落柱的带温带压治理方法及配方；地面树形分支钻孔、浆液控制技术措施。通过底板注浆和地面注浆，对底板状态和陷落柱内部结构进行改造，注水效果显著，工作面可实现安全保水开采。

（2）地下水回灌技术方法

地下水回灌方法主要有地面入渗法和管井注入法。其中管井注入法不受地形条件限制，也不受地面弱透水层分布和地下水位埋深等条件的限制，且占地少、水量浪费少，是值得推广的一种新技术方法。该方法是补给水源通过钻孔、大口径井或坑道直接注入含水层中的一种方法。地下水回灌的水质必须满足一定的要求，微生物学质量、总无机物量、重金属、难降解有机物及有毒有害物质等主要控制参数必须符合相关标准。回灌水质的选取应根据回灌地区水文地质条件、回灌方式、回灌用途、地层的净化能力等影响因素。

3. 选择合适的采煤方法和生产工艺

煤炭在生产过程中将产生大量的废气、废水、废渣，对矿区周边环境产生严重污染，而采用何种采煤方法和生产工艺，则直接影响着清洁生产和环境污染，要坚持"安全、清洁、高效、低耗、高回收率"的原则，正确选择有利于煤的清洁生产的采煤方法和生产工艺。

（1）厚煤层一次采全高技术

对于煤层厚度在 2.5 米以下的，可以采用单一长壁采煤法一次采全高的采煤方法。这种方法能减少巷道准备工作量，降低原煤含矸率，提高工作面的产量和效率。对于厚度在 5 米以下的煤层，只要地质条件和生产条件允许，都可以选用一次采全高的采煤方法。对于厚度在 5 米以上的特厚煤层，可选用放顶煤开采技术。近些年，我国放顶煤开采技术发展较快，此技术简化了特厚煤层的开采工艺，实现了煤层一次采全厚，达到清洁生产高产高效，技术经济效益显著。

（2）煤岩分层分采技术

当煤层中夹石层厚度超过 0.3 米时，应实行煤岩分层分采。采用爆破落煤工艺，先采出夹石层上部的煤炭，并及时架设临时支柱护顶，接着再剥采夹石层用作填充采空区，最后采出下部煤炭，架设永久支架控顶。这种方法能有效防止矸石掺入煤中，降低含矸率，减少污染，提高原煤质量。

（3）宽巷掘进、矸石充填技术

宽巷掘进用于薄煤层的采掘巷道，在半煤岩巷掘进时，开掘的宽度可大于巷道宽度，掘出的矸石用于填充巷道一侧或两侧的支架壁。这不仅实现了煤岩分掘分运，而且矸石不出井就地利用，达到清洁生产效果。

（4）沿空留巷技术

沿空留巷即无煤柱开采，既降低了巷道掘进率，又减少了巷道掘进工程量和掘进费用，缩短工期，减少成本，还相应减少了矿井的排矸量，也减少了矸石混入原煤中的概率，工程技术经济效益显著。

参考文献

［1］徐宏祥. 煤炭开采与洁净利用［M］. 北京：冶金工业出版社，2020.

［2］辛林. 煤炭地下气化热弹性基础梁理论模型及应用［M］. 北京：应急管理出版社，2019.

［3］徐杰芳. 煤炭资源型城市绿色发展路径研究［M］. 合肥：中国科学技术大学出版社，2020.

［4］于会录，李世泰. 煤炭资源型城市工业循环经济发展机理与调控［M］. 北京：中国社会科学出版社，2020.

［5］绳军锋. 煤炭企业人力资源管理研究［M］. 长春：吉林出版集团股份有限公司，2020.

［6］康文泽. 煤炭和石墨浮选［M］. 徐州：中国矿业大学出版社，2020.

［7］黄温钢，王作棠. 残留煤地下气化综合评价与稳定生产技术研究［M］. 北京：冶金工业出版社，2020.

［8］万志军. 能源矿产概论［M］. 徐州：中国矿业大学出版社，2020.

［9］王开. 厚煤层残煤复采采掘工作面围岩控制技术及矿压显现规律［M］. 北京：应急管理出版社，2020.

［10］吴迪，孙可明，刘雪莹. 残留煤层封存 CO_2 驱替 CH_4 产出机理研究［M］. 沈阳：东北大学出版社，2020.

［11］曹树刚. 现代采矿理论及技术研究进展［M］. 重庆：重庆大学出版社，2020.

［12］岳光溪，顾大钊. 煤炭清洁技术发展战略研究［M］. 北京：机械工业出版社，2020.

［13］郭金刚. 煤炭老矿区转型发展研究：大同矿区"四元"协同模式创新与实践［M］. 北京：中国发展出版社，2021.

［14］倪深海，彭岳津，黄菊，王亨力. 煤矿矿井水利用及风险管控［M］. 南京：河海大学出版社，2021.

［15］董彩霞，张涛. 矿业环境保护概论［M］. 北京：冶金工业出版社，2021.

［16］高建平，耿东坤，宋明明. 特殊煤层开采技术研究［M］. 北京：北京工业大学出版社，2021.

［17］孙维吉，梁冰. 煤与瓦斯协同共采优化理论及应用［M］. 沈阳：东北大学出版

社，2021.

［18］桑宁如，陈浩龙. 新能源系统概述 ［M］. 天津：天津大学出版社，2021.

［19］谢苗苗. 生态脆弱区露天煤炭开发生态风险识别与评价 ［M］. 北京：地质出版社，2022.

［20］张成梁，杨刚，姚晶晶. 煤炭迹地近自然生态修复技术 ［M］. 北京：中国林业出版社，2022.

［21］任世华，秦容军，郑德志. 新时期煤炭行业发展方式变革动力与方向 ［M］. 北京：中国发展出版社，2022.

［22］康红普. 我国煤炭行业高质量发展战略研究 ［M］. 北京：科学出版社，2022.

［23］何云，王文. 天然气与煤炭资源叠置区共同开采模式研究 ［M］. 北京：应急管理出版社，2022.

［24］杨俊哲，申斌学. 神东矿区及周边煤炭资源开采现状与发展趋势 ［M］. 长沙：中南大学出版社，2022.

［25］张东升. 我国西北煤炭开采中的水资源保护基础理论研究 ［M］. 徐州：中国矿业大学出版社，2022.

［26］郝艳红. 煤基产业废弃资源循环利用 ［M］. 北京：冶金工业出版社，2022.

［27］程芳琴. 煤矸石资源化利用技术 ［M］. 北京：冶金工业出版社，2022.

［28］李慧. 资源型产业转型与可持续发展路径研究 ［M］. 太原：山西人民出版社，2022.

［29］郑鹏，李建兵，程海兵. 矿井遗留煤炭资源安全高效开发技术与实践 ［M］. 徐州：中国矿业大学出版社，2023.

［30］王健，王果. LiDAR 原理及应用 ［M］. 徐州：中国矿业大学出版社，2023.